Henriette Asséo est agrégée d'histoire et professeur en khâgne à Paris. Auteur de nombreuses publications, elle est l'une des rares spécialistes de l'histoire des Tsiganes. Membre du conseil de direction du Centre de recherches tsiganes de l'université Paris-V-René Descartes, elle anime par ailleurs un groupe d'historiens qui publie avec le soutien de la Communauté européenne une collection sur les Tsiganes.

En souvenir de François de Vaux de Foletier.
A Jessica.

Dépôt légal : septembre 1994
Numéro d'édition : 52148
ISBN : 2-07-053156-2
Imprimerie Kapp Lahure
Jombart, à Evreux

LES TSIGANES
UNE DESTINÉE EUROPÉENNE

Henriette Asséo

DÉCOUVERTES GALLIMARD
HISTOIRE

Parce qu'ils appartiennent à ces sociétés qui n'ont pas tenu le journal de leur enfance, on croit tout savoir d'eux. L'histoire des Tsiganes est celle d'un peuple qui présente une solide construction culturelle sans être soudé par les caractères habituels d'une nation : langue, religion ou territoire. Un peuple qui fut à la fois pourchassé et toléré comme une sorte de calamité naturelle récurrente et familière.

CHAPITRE PREMIER
L'ENRACINEMENT EUROPÉEN

A la fin du XVe siècle, les Tsiganes arrivent en Europe. Appelés «Bohémiens», «Egyptiens», «Cigàny» ou «Zigeuner», ils se disent guerriers et pèlerins.

Les élus de la ville de Troyes, en avril 1442, traitent avec distinction le «noble Thomas», comte de la Petite Egypte. Le chef tsigane reçoit «par l'amour de Dieu» une somme imposante, et sa troupe, avec chevaux et bagages, peut circuler où bon lui semble (manuscrit ci-dessus). Cet accueil est habituel au XVe siècle dans les villes d'Europe.

Le temps des privilèges

En France comme dans l'ensemble des pays européens, rien ne prédisposait les Tsiganes à la marginalisation sociale quand les premiers chroniqueurs s'étonnèrent au XVe siècle de la venue de ces «merveilles venues d'étrangers du pays d'Egypte».

Sous ce titre, en effet, les registres de l'échevinage de la ville d'Arras nous ont laissé une description des Egyptiens qui se présentèrent dans la ville, en octobre 1421, au nombre d'une trentaine et sous la conduite d'un comte de Petite Egypte.

Ces gens disaient venir de la contrée de Petite Egypte sans en préciser la localisation; ils avaient été sarrasins ou juifs, mais à présent ils étaient baptisés et gouvernés par un comte. Pendant trois jours et trois nuits, ils couchèrent sur une place, sur le foin, sans se dévêtir. Les femmes regardaient la main des gens «et puis disoient de moult estranges choses». Leur chef présenta une lettre de l'Empereur, recommandant qu'ils soient accueillis comme de nobles chrétiens. Arras dépendait alors du duc de Bourgogne; la lettre fut prise en considération. On leur donna donc des victuailles, du charbon et on les abreuva de bière.

On peut suivre par des chroniques semblables les pérégrinations des troupes du duc André et de son frère Michel dans tout le Hainaut. Michel passait à Tournai en 1421 et la troupe obtint un franc succès

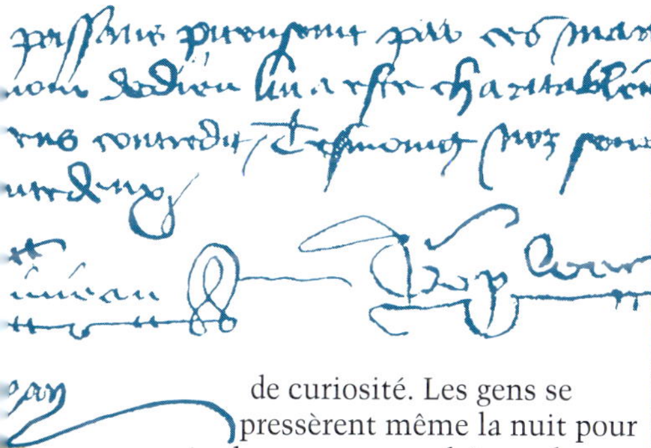

de curiosité. Les gens se pressèrent même la nuit pour venir observer au marché aux draps les Egyptiens dormant serrés les uns contre les autres.

L'une des plus anciennes mentions du passage en France d'une troupe de Bohémiens se trouve dans un cahier de comptes de syndics en date du 22 août 1419, à Châtillon-en-Dombes (Châtillon-sur-Chalaronne dans l'Ain). La troupe était conduite par le «noble Nycola», comte de Petite Egypte Sarrazin. Leur chef présenta des lettres de protection de l'Empereur et du duc de Savoie afin que les villes ne leur donnent aucune chasse.

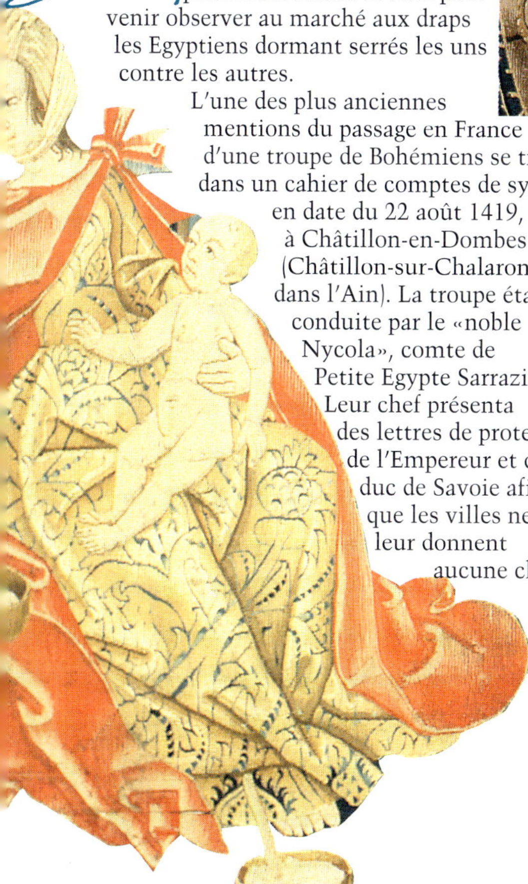

Les plus anciennes représentations des «Egyptiens» remontent à la fin du XVe siècle dans le groupe de tapisseries reconnues généralement comme l'œuvre des ateliers de Tournai. L'exotisme s'y repère à des signes distincts, comme le contraste entre la richesse de la robe de l'Egyptienne, brodée de soie, et l'enfant nu sur ses genoux. La couverture caractéristique portée à l'épaule est appelée «flossoie». Ci-dessus, scène de lecture de la bonne aventure.

La municipalité leur remit six florins et leurs bêtes furent conduites à un pâturage sous sa garde. Dans le même temps, la visite du duc de Savoie était annoncée. Si ces lettres avaient été suspectes, les autorités de la ville les auraient soumises à l'examen du duc en personne. Or, le 23 février 1452, la ville remit à nouveau une somme relativement importante au noble Nycola «affin qu'il en mesnast hors de la ville ceulx de sa compagnie».

Les premiers Bohémiens sont souvent qualifiés de «Sarrazins». La notion de «Sarrazinois» était à cette époque assez large. Pour la chrétienté, le terme ne renvoyait pas seulement à l'infidèle mahométan mais au domaine non chrétien dans son ensemble ou préchrétien. Il inclut tout ce qui est exotique y compris l'Antiquité classique. Mêmes mentions très abondantes de passages de Bohémiens en Provence où ils sont appelés «Egipciens», «Egitissiens», «Egissiens» ou encore «Ethiopiens».

Les capitaines de Bohémiens pouvaient se targuer des plus hautes protections. Présentées devant les autorités municipales, ces lettres leur assuraient un contrat de gré à gré sur les conditions de la halte et favorisaient ainsi une circulation semi-militaire propice au maintien d'une troupe structurée. Ainsi, le chef – toujours mentionné au XVe siècle en la personne des ducs et des comtes de

«Ce sont gens de pied», disait-on. Pourtant, la plupart des compagnies bohémiennes circulaient à cheval.

Petite Egypte, ultérieurement des capitaines de compagnies de Bohémiens – avait autorité sur ses gens et était tenu responsable des désordres que les membres de sa troupe pouvaient commettre. La négociation de ce contrat officialisait la venue des Egyptiens. Le récit de ces passages consignés dans les annales locales fournissait un modèle de comportement que les parties en présence avaient tout intérêt à reconduire.

Ainsi, du XVe au XVIe siècle, les chefs tsiganes avaient obtenu des audiences des principales cours princières. Ils présentaient des lettres des princes de Hongrie, de Bohême ou de Pologne et les rois de France accordèrent à leur tour leur protection à leurs bien-aimés capitaines de Bohémiens.

Ces lettres étaient très recherchées et elles n'étaient accordées qu'avec

Entre un équipage militaire d'assez bonne allure (ci-dessus, gravé par Jacques Callot) et le travestissement de Vénus en Bohémienne noiraude (ci-contre dans la «Facétie» du *Jugement de Pâris*), il y a toute la distance de la faveur seigneuriale à l'hostilité des milieux urbains aux temps de la Fronde parisienne : «Ta blancheur emporte le pris», juge un Pâris estropié.

parcimonie, après de longues enquêtes, à des personnages de rang élevé. Loin d'être confondu avec le peuple, les Tsiganes avaient droit à la considération des autorités les plus élevées de la chrétienté..

L'écart se creusa rapidement entre le témoignage direct et le récit érudit constamment enrichi de variantes. Il explique la constitution d'images mentales contradictoires. L'opinion urbaine pourtant très sensible aux questions d'«ordre public» ne les associa pas à la cohorte migrante du vagabondage structurel que les malheurs des temps alimentaient en miséreux de toutes sortes. Mais elle manifesta à leur égard un mélange de tolérance circonspecte et de crainte respectueuse devant le spectacle si contrasté pour l'esthétique du temps qu'offrait la troupe elle–même.

«Gens de terrible stature»

La curiosité l'emportait largement sur l'effroi, et le public se pressait pour voir ces gens dont la conduite comme le costume prêtaient à étonnement et à confusion.

Des traits distinctifs frappèrent l'esprit des habitants d'Arras lorsque la municipalité accueillit à ses frais, en octobre 1421, une troupe d'Egyptiens. Les hommes étaient noirs de peau et surtout ils portaient tous de longs cheveux noirs et une barbe si fournie que l'on voyait à peine

VIE GENEREVSE DES MERCELOTS, GVEVZ, ET BOESMIENS, CONTENANS LEUR ſAÇON DE VIURE, ſUBTILITEZ & GERGON.

le visage. La coutume était alors de porter le cheveu court et la barbe rasée. Les femmes avaient des sortes de toiles enroulées autour de la tête, comme des turbans, une chemise de toile fendue par le devant de façon à découvrir largement la gorge et par-dessus une sorte de couverture de drap attachée sur l'épaule, et dans laquelle elles enveloppaient les petits enfants. Les Bohémiens qui campèrent à Mâcon sont ainsi décrits : «Ils estoient gens de terrible stature tant en personnes, en chevelx comme autrement et gisoient es champ comm es bestes.»

La «littérature de la gueuserie» inaugure en 1595, par une mince plaquette (titre ci-dessus), un genre très en vogue diffusé dans «La Bibliothèque bleue». Les Bohémiens y sont décrits comme inspirateurs des «larrons», et ils figurent en bonne place dans la mythique cour des Miracles. Pourtant, c'est à la Cour, celle d'Henri IV comme plus tard celle de Louis XIV, qu'a dansé la «Belle Egyptienne» (à gauche), reconnaissable à son costume à rayures que l'on observait déjà dans la scène de chasse au sanglier de la tapisserie de Tournai (ci-contre).

Callot fec

Jacques Callot, dans une série de gravures, décrit, vers 1621, une «Compagnie de Bohémiens» conduite par son capitaine aux armées des Princes en Lorraine. Le climat apparent de désolation dû aux «misères» de la guerre de Trente Ans ne doit pas faire illusion. Il ne s'agit pas de mercenaires en rupture de ban, mais bel et bien d'une troupe régulière, dont le service était particulièrement apprécié. Son aspect le plus surprenant tient dans son caractère familial. Les femmes n'y sont pas seulement lingères ou vivandières comme dans *La Vagabonde Courage* de Grimmelshausen. Elles enfantent, à même le sol, s'épouillent, cuisinent, montent sans étriers, toujours encombrées d'une marmaille abondante : «Ne voilà pas de braves messagers / Qui vont errant par pays étrangers; / Ces pauvres gueux pleins de bonaventure / Ne portent rien que des choses futures.»

Enfin, un passage du *Journal du Bourgeois de Paris* – chronique d'un témoin de l'arrivée des Tsiganes à Paris en 1427 – mentionne les anneaux d'argent portés aux oreilles par les hommes, et même deux anneaux à chacune, ceux-ci lui ayant assuré qu'il s'agit là d'un signe de noblesse, de «gentillesse en leur pays».

Pénitents ou gens de guerre?

S'ils donnaient peu d'indications sur leur identité comme sur la localisation du pays de Petite Egypte d'où ils prétendaient venir, comment les chefs bohémiens justifiaient-ils la présence de leurs troupes? Leur récit s'organisait autour du thème du pèlerinage. Il était destiné à justifier l'obtention de privilèges accordés aux compagnies bohémiennes par la pénitence que le pape leur avait imposée. Le *Bourgeois de Paris* expliquait ainsi que les Bohémiens «se disaient très bons chrétiens et étaient de la Basse Egypte, et encore disaient qu'ils avaient été chrétiens autrefois et n'avaient pas grand temps que les chrétiens les avaient subjugués et tout leur pays, et tous fait baptisés et mourir qui ne voulaient pas l'être».

Cette copie d'époque des lettres de recommandation du pape Martin V (ci-dessous), autorisant le «noble homme Andreu, duc de la Petite Egypte» à circuler avec ses compagnons et à «jouir de pleine seürtey tout partout», semble due à un habile faussaire désireux de s'assurer une haute protection.

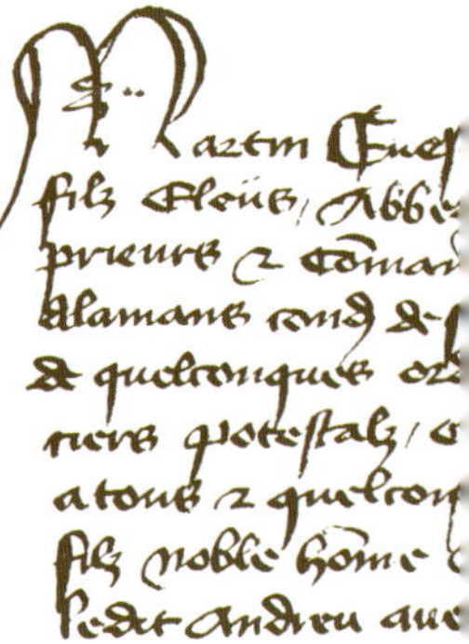

Certaines pratiques, tel, ici, le bain donné au nouveau-né de *L'Egyptienne alitée* figurée sur la tapisserie de Tournai, ont longtemps surpris : «Sans frais ni accessoires, elles peuvent mettre leurs enfants au jour; elles les lavent dans l'eau froide à leur naissance; et jusqu'à leur mort ils souffrent sans aucun mal les rigueurs du ciel» (Cervantès).

Dès la fin du XVe siècle, les érudits ont mis en doute l'origine égyptienne des Tsiganes : «Ils prétendent courir le monde pour pénitence et être sortis de l'Egypte mineure, mais ce sont des fables», déclare avec autorité, dès 1565, Sébastien Münster dans sa *Cosmographie universelle*. D'autres chroniqueurs pensent alors, s'appuyant sur le témoignage de voyageurs qu'ils comparent avec d'anciens récits de croisés, que la Petite Egypte, prétendue patrie de cette «peuplade errante», est située dans la ville de Modon (ci-contre), en Grèce. Ventura écrit dans le *Trésor politique*, en 1611 : «On voit par la Grèce et la Dalmatie diverses familles de Cingars d'Egypte vagabonds sans maison.»

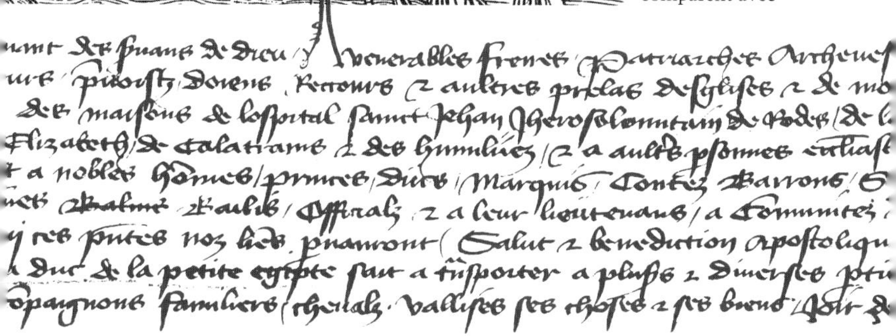

En expiation de cette apostasie temporaire, le pape leur avait donné pénitence d'aller dix-sept ans parmi le monde, «sans coucher en lict». Voici donc d'étranges pèlerins faisant à rebours l'itinéraire des croisades.

Accueillis dans un premier temps avec égard comme victimes des Sarrasins, les Bohémiens furent peu à peu dénoncés comme trublions de l'ordre social «galarons, mauvais garçons, trompeurs et abuseurs de gens». Dès lors, leur itinérance apparut comme suspecte.

En mai 1460, l'Egyptien Georges de Pamperon, passant par Château-Landon, en Seine-et-Marne, mit à pâturer ses deux chevaux dans un pré pour aller à la pêche aux écrevisses. Le propriétaire du pré survint, chassa les chevaux et traita le Bohémien de «maudite sarrasinaille» en le menaçant d'un bâton. L'Egyptien ramassa une pierre, la jeta à la tête de son agresseur et le tua sur le coup. Emprisonné, il exprima ses regrets, n'ayant jamais eu l'intention de tuer qui que ce soit. Il reçut une lettre de rémission royale lui accordant sa grâce. Mais lorsque cinquante à soixante Egyptiens passèrent à Loches, en Touraine, au mois de décembre 1565, le ton était devenu très différent. Les Bohémiens produisirent bien le *vidimus* de lettres patentes du roi en date du 12 février 1563, dont l'authenticité ne fut pas plus mise en cause, les autorisant à passer par le royaume et à résider dans les villes l'espace de trois jours. On les obligea néanmoins à laisser en dépôt deux grands chevaux et on leur enjoignit de «bien vivre et ne commettre larsins, ne faire forfaict ou machinasion aulcune». Les sommes qui avaient été jusque-là accordées par les autorités municipales par charité chrétienne comme une gratification légitime à de «nobles pèlerins» étaient désormais abandonnées avec regret à une troupe redoutée. On l'engageait à déguerpir au plus vite et aller se faire pendre ailleurs.

L'âge d'or des Tsiganes en France

Dans le royaume de France, pendant les périodes troubles qui vont des guerres de Religion jusqu'aux années 1660, le service des armées seigneuriales a cependant assuré aux troupes bohémiennes une véritable prospérité.

Pendant la minorité de Louis XIII, toute la Loire moyenne, des abords de Nantes à l'Auvergne, fut une zone d'affrontements. Les protestants avaient leurs assises entre le Sud-Ouest et l'Ouest. La famille

des Bourbons avait son fief traditionnel entre Saumur et Vendôme et contrôlait la route de Paris. Toute la région fut sillonnée par des soldats mercenaires des seigneurs de la guerre, des reîtres venus de Champagne. Et parmi ces troupes en campagne autorisées à vivre sur le pays, des gardes d'Egyptiens au service des princes de sang royaux. Condé, alors

Le costume des Egyptiens est utilisé par les peintres pour figurer l'Egypte dans leurs scènes bibliques (ci-dessus, *Prédication de Jean-Baptiste* de Bruegel).

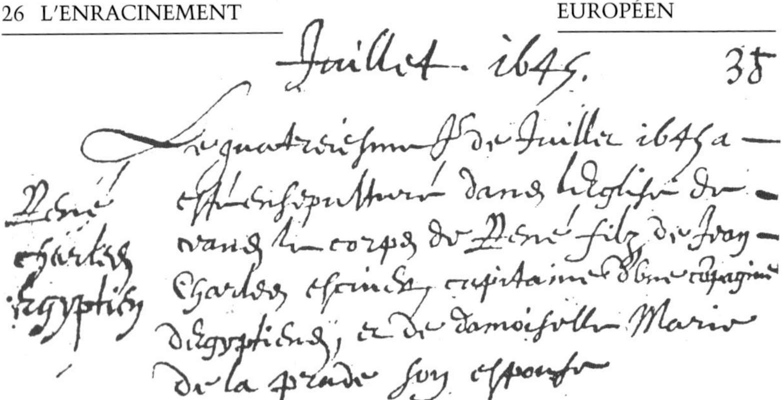

gouverneur du Berry, tenta, vers 1616, d'enlever le comté de Sancerre à la famille de Bueil, en en rachetant les seigneuries. L'héritier de cette famille, le comte de Maran, profita de la Régence pour reprendre le château de Sancerre et y fit venir plusieurs compagnies de Bohémiens qu'il logea en corps de garde aux portes de la ville «contre la prière des habitants».

Les villes, les bourgs ou les villages du «plat pays» – c'est-à-dire de la campagne alentour d'une ville et sous sa dépendance politique et juridique – manifestaient devant les passages de Bohémiens plus de gêne que de combativité; mais, soucieux de parer aux désordres éventuels, ils avaient constitué des pratiques coutumières au bénéfice des deux parties. Celles-ci négociaient un contrat de passage, signé quelquefois devant notaire, la «passade» : un hébergement temporaire afin d'éviter un cantonnement prolongé et des subsides pour déloger les nomades.

La bonne aventure

Les femmes couraient le pays en disant la bonne aventure. Cette activité les entourait d'un halo complexe de respect pour leur aptitude à prédire l'avenir et de méfiance. Car, à partir du XVIe siècle, aussi bien l'Eglise catholique issue du concile de Trente que les Eglises réformées avaient condamné avec une fermeté nouvelle l'exercice de la divination.

Les Bohémiens sont chrétiens et protégés des seigneurs. Le 4 juillet 1645 est inhumé dans l'église de Brissac en Anjou «le corps de René, fils de Jean-Charles, escuier» (acte de sépulture ci-dessus). La compagnie du capitaine Jean-Charles était au service du duc de Cossé-Brissac, et la duchesse était par ailleurs marraine d'un autre enfant du capitaine. La littérature picaresque a déjà décrit, avec indulgence, la vie mouvementée d'un Jean-Charles, capitaine de Bohémiens, dans *Les Aventures du baron de Foeneste* d'Agrippa d'Aubigné.

Distraction seigneuriale, la bonne aventure devient populaire dès la deuxième moitié du XVIe siècle. Mais les confesseurs condamnent la fréquentation des Bohémiennes, qui séduisent les «esprits simples», et dont l'«art de fourberies» est prétexte à mendier avec insolence. Pourtant, l'Egyptienne (ci-dessous) acquit une certaine autorité pour avoir rendu la «santé par art de médecine au roi d'Escoce abandonné des médecins».

Curieusement, dans une chrétienté qui se concevait comme une cité assiégée, si la mission des Bohémiens avait bien une odeur de soufre, elle ne les fit jamais condamner au bûcher comme sorciers ou hérétiques. Evincés du corpus démoniaque par les théologiens comme faussaires en diableries, les Bohémiens ne furent jamais condamnés comme peuple déicide.

L'exercice de la bonne aventure paraissait surtout un prétexte à des «vollerries et subtils larrecins» de la part des femmes. La *Cosmographie* de Münster en parle comme d'une chose courante, et *Le Journal du Bourgeois de Paris* écrit que le bruit en courut partout. Pourtant le scrupule le pousse à préciser : «Et vraiment j'y fus trois ou quatre

fois pour parler à eux, mais oncques ne m'aperçus d'un denier de perte.» En fait, si les premières Egyptiennes arrivées à Paris en 1427 attirèrent foule en lisant l'avenir dans les mains, en dépit de la menace d'excommunication qui pesait sur les malheureux trop pressés de connaître leur sort futur, elles provoquèrent surtout la perturbation des ménages en dénonçant les infidélités des conjoints. L'Eglise, quant à elle, regardait avec circonspection une activité surtout propre à abuser le peuple crédule. Elle foudroyait les diseuses de bonne aventure comme trafiquantes d'illusions, mais les théologiens les tenaient pour incapables de conduire les élaborations conceptuelles complexes qu'implique l'usage de la science divinatoire.

Le thème pictural de la bonne aventure connaît, à la Renaissance et à l'âge baroque, une vogue considérable. Il fait l'objet de deux traitements distincts : dans des scènes d'auberge ou de foire, une Egyptienne se mêle à la foule (ci-dessus, *La Foire de l'Impruneta*, d'après Jacques Callot); chez les élèves du Caravage, le genre est promu au rang d'allégorie.

«Le mestier de Bohémienne»

La pratique de la bonne aventure au XVIIIe siècle était condamnée non seulement par l'Eglise mais aussi par les ordonnances royales et princières. Elle signalait aux juges le «mestier de Bohémienne»; Bohémiennes qui, par ailleurs, n'avouaient pas souvent une activité qu'elles savaient prohibée. En 1734, une Bohémienne est arrêtée sur les routes de la Brie. Elle est accusée par le juge de dire la bonne aventure. Elle se récrie qu'elle «ne s'est jamais meslée de faire un si vilain métier». Une autre déclarait que si elle avait dit quelquefois la bonne fortune, «c'était pour rire». En se postant sur un pont d'où ils observaient leur manège, les officiers de police de la ville de Tours jouèrent une méchante farce à deux femmes qui cherchaient des clients. Ayant quitté leur habit militaire, ils firent semblant de vouloir se faire dire la bonne aventure et prirent ainsi en flagrant délit les deux Bohémiennes.

Dans l'une de ses mains, la Bohémienne prend la main du client, ou bien pointe du doigt vers sa paume ouverte; rarement elle en suit les lignes, mais le plus souvent elle regarde fixement la figure de la personne qui consulte. La pièce de monnaie placée dans la main servira au paiement. Elle est exigée marquée d'une croix car alors de plus grande valeur, non point magique mais monétaire. Le «jeu des mains», thème caravagesque, offre ici la variante plaisante du «voleur volé» : la Bohémienne se fait subtiliser le fruit de sa «science».

Les légistes, qui avaient découvert avec délices la notion de libertinage, l'appliquaient d'emblée à ces femmes libres d'aspect et de maintien. Ainsi la Bohémienne Marie Delisle était-elle qualifiée de «mère abesse de boëmes», c'est-à-dire de maquerelle.

Nombreuses sont celles qui déclaraient volontiers «montrer à danser» en s'accompagnant d'un tambour de basque.

Offerte en 1665 à Louis XIV, la *Zingara* du Caravage (en haut, à gauche) fut jugée par le Bernin «sans esprit et sans invention». Le Caravage avait voulu «consulter la nature» et, pour plus de réalisme, avait engagé dans la rue une Bohémienne comme modèle. Pour qui contemple ces toiles – qu'il s'agisse de Georges de La Tour (en haut, à droite), de Nicolas Régnier (en bas, à gauche) ou de Valentin de Bologne (en bas, à droite) –, une complicité se lit dans les jeux des regards entre les Egyptiennes et leur clientèle. Le spectateur de l'époque sait bien qu'il est vain de «connaître des choses futures», et singulièrement des amours, mais si c'est péché mortel de consulter l'avenir en y croyant, ce n'est que faute vénielle de le faire par simple curiosité.

Or, inlassablement, les directeurs de conscience, en particulier les groupes de pression des dévots de la Compagnie du Saint-Sacrement, dénonçaient les danses propres à échauffer les corps et les femmes qui commettent de grands scandales. Enfin une duplicité sans fond se devinait dans l'usage du déguisement : «Les hommes se déguisent

La musique et la danse marquent la présence bohémienne pendant tout l'Ancien Régime (ci-dessus, à gauche, dans une auberge fréquentée par des soldats).

art. 6 =

Le Regl. de 1713. a ordonné l'execution de Declaon du Roy et des arrets de la Cour contre les Bohemiens et ceux qui leur donneront retraite et en outre que les gens faineans et debauchés qui s'y joindront a eux seront sujets aux memes peines, de meme que ceux qui auront commerce avec les Bohemiens et Bohemiennes et les tiendront enceintes =

La famille bohémienne, «qui court par le grand chemin», apparaît désormais comme un élément familier du monde rural (ci-contre). La bonne aventure est associée à la mendicité rendue nécessaire par une répression de plus en plus efficace.

Dans les régions frontalières, où la circulation des personnes est toujours suspecte, les Bohémiens sont particulièrement surveillés. En 1713, un règlement des Etats de Navarre (extrait page de gauche, en bas) envisage même pour les femmes «qui vivent en bohème», c'est-à-dire dans le «libertinage et la débauche», la déportation aux «îles d'Amérique» et «leur vente comme esclaves».

et l'on ne sçait pas s'il y a des peines contre les femmes qui paroissent toujours en certains lieux et continuent à faire des enfants; ce qui perpétue cette race de vagabonds qui n'ont ny foy ny religion et qui sont innutille à l'estat.»

Ces femmes, «noires de peau et d'âme, errent et vaguent» sans autre apparence de travail. Comment les juges repéraient-ils donc la qualité de Bohémienne? Les signalements font toujours allusion à la physionomie et trahissent les goûts épicuriens des juges. Une telle était signalée comme «jeune, bien faite et de grande taille». Par contre, le costume est composé de sortes d'oripeaux bariolés, mais aussi de méchantes toiles sans couleur. Car l'habit à la bohémienne est un accoutrement hétéroclite qui manque singulièrement d'exotisme. Marie de La Roche est ainsi décrite par le greffier : «32 ans, 4 pieds 10 à 11 pouces, visage long, maigre et basané, nez gros et large, yeux noirs, pommettes plates, vêtue juste d'étamine brune, tablier de toile blanche». Toute activité est suspecte. On interroge une autre femme. D'où Marie de La Garde tient-elle la dentelle qu'elle possède? Elle l'a achetée il y a un an à Angers et elle cherche à la revendre. Et ces jetons de cuivre, est-ce pour les faire passer pour des louis d'or?

«Par parolles enchantées»

Ces minces fonds de roulement laissent apparaître les modalités économiques de l'existence bohémienne. L'attraction exercée sur les fermières s'expliquait par une circulation de petites marchandises apportées à domicile et agrémentées de distractions qui ne pouvaient les séduire qu'en leur procurant à bon compte quelque bien, un ruban, une coiffe, un peu de dentelle à la provenance douteuse. La fermière prévenait un chapardage agile en cédant à la demande insistante (un peu de sel, du beurre, un chou) des Bohémiennes qui se présentaient toujours par deux devant sa porte; il s'ensuivait un manège complexe dont aucune des protagonistes n'était dupe. Pour la paysanne, le problème était de faire déguerpir au plus vite ses visiteuses sans trop

“Pronostiqueurs et Tsiganes sont malins comme singes : ils jettent poudre aux yeux. N'oublie pas cette mise en garde; lorsqu'on te lit les lignes de la main, surveille ta besace.”
Texte accompagnant la gravure allemande ci-dessus

les courroucer. L'une des Bohémiennes cherchait quant à elle à attirer, en l'absence du mari, dans les jardins, l'occupante des lieux sous le prétexte de se faire donner un chou ou des haricots ou d'indiquer un trésor caché pendant que sa compagne évaluerait prestement ce dont elle pouvait s'emparer dans la maison. Comment faire alors la part entre l'intérêt commun, la séduction des «parolles enchantées» et la crainte d'une vengeance des hommes dont on soupçonnait la présence proche, assurément plus redoutable. Les hommes, quand ils sont arrêtés, sont toujours armés.

Dans les filets de la maréchaussée, voici le menu fretin de l'économie précaire. Le signalement des Bohémiennes ne les distingue plus guère de toutes les passantes des grands chemins, femmes de hasard, lingères, faiseuses de bas, colporteuses nanties d'un méchant ballot.

Aux galères du Roi

Au XVIIe siècle, un renversement général d'attitude à l'égard des Bohémiens avait entraîné l'adoption d'une législation répressive dans tous les Etats monarchiques comme dans les Républiques patriciennes d'Europe. Il faut, pour cerner les

Dans toute l'Europe du Nord, en Allemagne comme dans les Provinces-Unies (ci-dessous, un campement bohémien proche d'un village de pêcheurs), les Tsiganes s'étaient établis depuis la fin du XVe siècle. La bonne aventure, bien que condamnée, continuait d'exercer un vif attrait, et les édits se sont multipliés pour interdire à la Bohémienne de porter son «costume accoutumé».

raisons de cette répression collective, évoquer une conjoncture fort complexe.

La légitimation de l'autorité monarchique ou patricienne, difficilement acquise, impliquait que les princes sachent imposer la délimitation entre le domaine de leur courroux et celui de leur bienveillance. Les juristes s'employaient à séparer les «bons pauvres», humbles objets des sollicitudes de l'assistance publique, et les «vagabonds et gens sans aveu», dont la mendicité ostentatoire et agressive perturbait les lois divines et humaines. Lorsque les monarques s'avisèrent d'interdire la guerre privée et de mettre au pas leur noblesse guerrière, ils s'en prirent à ses serviteurs tsiganes qu'ils condamnèrent au bannissement collectif. Il faut bien admettre que le système du patronage seigneurial avait une fâcheuse conséquence : les troupes bohémiennes, fortement armées, vivaient sur le pays et suscitaient le mécontentement populaire. Quant aux individus isolés, ils étaient condamnés en dehors de tout délit prouvé à condition d'être identifiés comme Bohémiens ou Egyptiens.

En France, la déclaration de juillet 1682, voulue par Colbert et signée de Louis XIV, condamne les Bohémiens en rupture de ban à la chaîne des galères, leurs

En France, après le règlement de 1670 et la déclaration de 1682, la justice expéditive des prévôts des maréchaux condamne les Bohémiens aux galères «sans autre forme ni figure de procès». Les femmes et les enfants cherchaient alors à rejoindre les «chaînes de galériens», qui parcouraient le pays sous bonne escorte, vers Rochefort ou Marseille (à gauche, un galérien de théâtre, représenté avec sa chaîne, pour inspirer une pitié dont tentaient d'user les Bohémiens). Femmes et enfants étaient eux-mêmes menacés d'arrestation et d'internement à l'hôpital pour «mendicité insolente». «Engeance malfaisante» dont il convient de «purger le royaume», les Bohémiens sont de «faux sorciers», et leurs femmes, sous prétexte de bonne aventure, sont «assez méchantes pour palper avec une adresse merveilleuse les bourses».

Une montée des peines s'observe dans toute l'Europe, et particulièrement dans les pays de langue allemande. Un flot d'édits émanant des autorités allemandes (ci-contre, celui pris par l'archevêque de Cologne en 1714) établissait une confusion de traitement entre les *Zigeuner*, les Juifs, les mendiants et vagabonds comme catégories réprouvées. Celles-ci devaient disparaître des territoires de juridiction sous menace des pires peines : bastonnades, mutilations, ou même pendaisons. Il est cependant difficile d'établir un bilan des condamnations effectives : les textes avaient surtout une valeur d'intimidation; mais ils montraient que la période faste des protections seigneuriales était révolue.

femmes à être enfermées à l'hôpital et les enfants, «petits Bohémillons», à être élevés selon la religion chrétienne.

Au XVIIIe siècle, la «transportation aux Amériques» a été envisagée et même entreprise. Ailleurs, les peines pouvaient aller jusqu'à la décapitation et la pendaison.

Des exécutions pour l'exemple eurent lieu en Angleterre, en Bohême, dans les Etats allemands et italiens. Aux frontières de l'Allemagne et des Pays-Bas, des panneaux représentant un Tsigane pendu et un autre fouetté indiquaient clairement le sort qui leur était réservé. Si les peines infamantes les plus courantes consistaient à raser la barbe et les cheveux du délinquant, la flagellation ou la mutilation des oreilles n'étaient pas rares.

Des grottes, des cavernes, des bandits... Les périodes d'instabilité guerrière sont propices aux songes noirs et aux terreurs réelles. Cet imaginaire s'est ancré dans une réalité lointaine et durable qui explique tout à la fois l'enracinement des Tsiganes en Europe et leur importance particulière en Europe centrale et balkanique, aux «confins militaires» de l'Empire des Habsbourg.

CHAPITRE II
LA DIFFUSE «NATION BOHÉMIENNE»

Un hébergement incertain obligeait la troupe à se réfugier dans des ruines ou dans des grottes (à gauche). D'un pays à l'autre, la toponymie a gardé le souvenir de ces lieux dits «rochers des Egyptiens». Jusqu'aux confins de la Russie, la Bohémienne exerce la bonne aventure (ci-contre).

Les Tsiganes entre Orient et Occident

La circulation des compagnies bohémiennes s'inscrivit tout au long de l'Ancien Régime dans un système de patronage seigneurial qui concernait aussi bien les armées chrétiennes que celles des sultans ottomans. La confrontation permanente depuis 1454 entre les armées de l'islam et celles de la chrétienté entraîna la formation d'une ligne de front mouvante ponctuée de fortifications. Les limites entre l'Empire ottoman et les possessions des Habsbourg étaient fixées par l'institution des «confins militaires» : cette ligne défensive de un millier de kilomètres s'étendait de Fiume sur l'Adriatique jusqu'aux frontières de la Hongrie, de la Roumanie et de l'Ukraine; elle prit naissance en 1522 et ne fut dissoute qu'en 1881. En 1526, les Ottomans avaient écrasé l'armée hongroise à Mohács. Les Habsbourg et les Turcs se partagèrent la plus grande part du pays. La plaine hongroise devint une zone tampon et ne fut libérée qu'en 1718.

Mais il existait des contacts économiques permanents entre les zones chrétiennes et ottomanes. Du côté des Habsbourg, l'Europe danubienne des XVIe et XVIIe siècles n'était nullement un champ de ruines. Du côté ottoman, un vaste mouvement de colonisation donna naissance autour des fortifications, dans les bourgades de la grande plaine hongroise, à un élevage extensif de chevaux destinés à l'exportation et dont le commerce était contrôlé par les Tsiganes.

Par la zone de contact que représentait ce *limes* mouvant, le métier militaire et la conduite des chevaux allaient faire prospérer les compagnies de Tsiganes au service des princes guerriers et des aristocraties militaires.

Le vivier militaire

Se répandant par petits groupes du Bosphore à l'Atlantique, les Tsiganes offrirent à des armées diverses et complaisantes leurs services. Les sociétés aristocratiques plaçaient alors la guerre au centre de leurs préoccupations ; elles avaient conscience de la valeur inestimable des services de ceux qui

La confrontation Orient-Occident dans le fracas des armes (peinte page de gauche par Jacques Courtois) n'a pas empêché les Tsiganes de servir d'intermédiaires culturels. La musique de Cour, aussi bien ottomane (ci-dessous) que magyare, accorde une place privilégiée aux Tsiganes, qui jouaient à la manière turque pour les *sandjak beys* et à la manière hongroise pour les princes magyars. On retrouve la tambura, le luth persan jusqu'en Serbie, le santur, qui deviendra le cymbalum, en Hongrie et le nay, ou flûte de Pan, en Roumanie.

maîtrisaient tout à la fois un art militaire et le commerce des chevaux agiles de la grande plaine à une époque où les soldats cherchaient par tous les moyens à échapper à l'enrôlement.

Ainsi, à Constantinople, au XVIIe siècle, la Guilde des marchands de chevaux était composée en majeure partie de Tsiganes. La classification sociale de l'Empire ottoman ne les rejetait nullement dans les basses catégories, mais ils étaient regardés avec méfiance car on craignait qu'ils ne mettent leur maîtrise équestre au service d'un brigandage plus lucratif.

La cavalerie était la pièce maîtresse de l'imposante armée turque en marche (ci-dessus). Les chevaux étaient fournis par le marché de Constantinople (ci-contre), étroitement réglementé, auquel participaient les Tsiganes. On trouvait aussi parmi les corps auxiliaires de l'armée, le *sandjak* des *müsellem*, formé des Tsiganes de Roumélie, tantôt cavaliers, tantôt employés aux travaux du génie.

Le passage du service du sultan ou des armées hongroises à celui des armées occidentales s'effectuait sans grande difficulté et la conversion au christianisme en scellait l'honorabilité.

Un patronage aussi prestigieux montre assez que les Bohémiens ne s'apparentaient nullement à la cohorte des vagabonds et gens sans aveu. Il montre aussi que la fracture entre chrétienté et islam n'était pas totale. Il n'existait pas de frontière étanche interdisant tout contact. Le parrainage d'enfants tsiganes demeura ainsi une habitude seigneuriale dans toute l'Europe, jusqu'à la deuxième moitié du XVIIe siècle, aussi bien en Allemagne et en Pologne qu'en Russie et en France.

«Zigeuner» en terres d'Empire

Le vivier militaire ainsi constitué était constamment sollicité par les longues guerres fort dévastatrices que les monarchies européennes menèrent en Allemagne.

En 1686, Johann Diez, chirurgien aux armées, admira près de Vienne les troupes tsiganes à la solde de l'Empereur. Plusieurs milliers d'entre eux, retranchés derrière des remblais, avaient organisé leur propre commandement avec leurs propres officiers et ne souffraient aucune interférence. Même le philosophe Johann Gottfried

Le campement des Bohémiens, associant fringuants cavaliers, femmes, enfants et piétaille, est un thème pictural en vogue au XVIIIe siècle (ci-dessous).

Herder, qui méprisait «cette abjecte caste indienne», leur concédait dans ses *Idées sur la philosophie de l'histoire de l'humanité* (1784-1791) une utilité militaire et il ajoutait dans la deuxième édition : «Quelle belle et économique armée permanente ces braves habitants des bois pourraient faire pour les puissances européennes, si ces hardis guerriers étaient vendus à des régiments étrangers.»

Le destin contrasté de la famille Reinhardt

Le destin de la famille Reinhardt montre que la protection seigneuriale pouvait être à double tranchant. Schiller a exploité, tout comme Goethe, le versant noir et sombre de la légende tsigane dans *Les Brigands*. Il passe pour avoir pris comme modèle un chef de bande de la fin du XVIIIe siècle qui a vraiment existé, Hannikel. Aux confins de l'Alsace et de l'Empire, une bande commandée par les membres de trois générations de Reinhardt enrôlait des vagabonds, des bannis et des déserteurs, «soldats debandez», écumant les campagnes dévastées. En 1726 fut exécuté, à Giessen, Antoine-Alexandre Reinhardt. Ce chef de bande redouté prenait le nom d'Antoine de La Grave quand il passait dans les pays français. Son petit-fils, Jacob Reinhardt, surnommé Hannikel, conduisit à son tour entre les Vosges et la Forêt-Noire une troupe redoutable. Le soir, au son des tambours, il lui faisait traverser les villages les

A Giessen, en 1726, était exécuté, au terme d'un procès spectaculaire, Antoine-Alexandre Reinhardt, dit le Petit Conrad, et qui prenait le nom de capitaine de La Grave quand il passait la frontière du Rhin (ci-dessus). Palatinat, Alsace et Vosges ont connu une très ancienne implantation des Tsiganes. Protégés un temps par la noblesse locale, ils ont été fixés pendant les guerres napoléoniennes, et qualifiés parfois de «Bohémiens et cultivateurs».

torches allumées. Hannikel, qui était aidé de son frère ou demi-frère Wenzel, avait été garde-chasse avant d'en devenir le chef. Non contente de faire main basse sur les volailles, la bande s'«emparait de tous les biens dont elle pouvait se saisir dans les maisons».

Cette bande œuvrait pour le compte du prince de Hesse-Darmstadt, Louis IX. Celui-ci jugeait que les qualités militaires des Tsiganes valaient bien les inconvénients d'un voisinage chapardeur. Il prélevait sa part d'un butin abondant. Hannikel fut finalement jugé et pendu en 1787. En 1790, le successeur de Louis IX chercha à débarrasser la garnison de l'encombrant héritage de son père et prit des mesures de bannissement. Fatigués d'une traque permanente, et pressentant l'impossibilité de survivre dans les bois où ils étaient réfugiés, les Bohémiens cherchèrent à obtenir la grâce des autorités françaises et proposèrent volontairement d'aller peupler les Amériques.

“Ces familles voyagent emportant leurs ustensiles de ménage, et suivies d'animaux domestiques qu'elles élèvent dans leurs courses. Elles campent, couchent et vivent en plein air.”

Abel Hugo, in *La France pittoresque*, 1835

Despotismes «éclairés»...

En Europe centrale et orientale, au XVIIIe siècle, les souverains furent aux prises avec des enjeux nationaux qui relevaient de la haute politique mais qui modifièrent la condition d'une population pourtant bien minoritaire de Tsiganes autochtones. Sur un plan symbolique, la naissance de l'idée nationale en Europe centrale s'effectuait sous la double bannière de la défense de la foi et de la dénonciation du joug ottoman. Situés de part et d'autre d'une ligne de partage mental que ne recoupaient pas des frontières fixes, les Tsiganes étaient dénoncés comme espions turcs musulmans par les Autrichiens et comme agents de Vienne par les Ottomans.

Nombre de familles tsiganes de la plaine hongroise étaient fixées dans de tristes huttes souterraines (ci-dessous), humides à l'excès, que le voyageur Griselini comparait en 1780 à des «tannières de bêtes sauvages».

Sur un plan administratif, en Russie, comme en Autriche ou en Allemagne, les souverains, adeptes du despotisme éclairé, engagèrent une politique de réformation de la justice et de l'économie. Convaincus des vertus sociales de la réglementation, ils s'intéressèrent au sort de leurs Tsiganes en

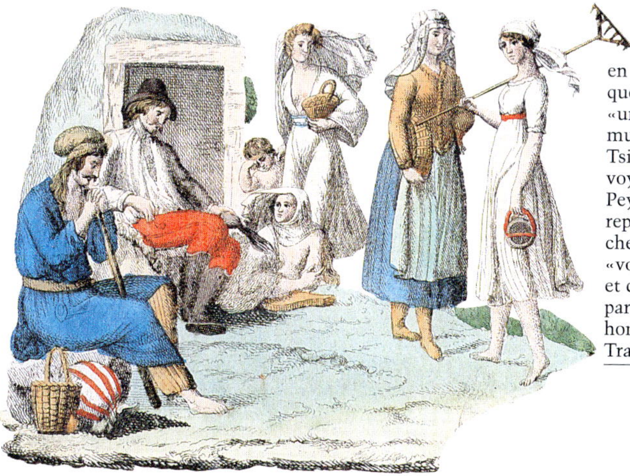

On trouvait, depuis le XVIIIe siècle, aussi bien en Pologne, en Bohême que dans les Balkans, «une prodigieuse multitude» de Tsiganes, selon le voyageur et diplomate Peyssonel. Ils étaient représentés par des chefs appelés «voïvodes». Ci-contre et ci-dessous, Tsiganes parmi des paysans hongrois, en Transylvanie.

déclarant vouloir tout à la fois garantir la sûreté de leur peuple et le bonheur des Tsiganes. Ils engagèrent donc une politique de sédentarisation brutale. Frédéric II en Prusse, Marie-Thérèse en 1768 et 1773 et son fils Joseph II en 1782 dans l'Empire des Habsbourg imposaient la fixation au sol en jugeant qu'elle serait un moyen d'émancipation sociale et de dilution culturelle de la «peuplade vagabonde des Zigeuner». En Hongrie et en Transylvanie, les Tsiganes perdaient jusqu'à leurs noms et devaient être appelés «nouveaux paysans» ou «nouveaux magyars». On sépara les enfants des familles pour les envoyer dans des orphelinats et on interdit la circulation d'un comitat (circonscription administrative et judiciaire) à un autre.

Si cette politique d'assimilation n'a pas provoqué de coupure anthropologique totale en entraînant une sédentarisation massive, ce fut en raison de l'anarchie

qui caractérisa localement l'application des directives et de la résistance des Tsiganes qui préférèrent, au mépris des règlements, rejoindre une vie vagabonde, misérables mais libres de leurs mouvements. Catherine II, quant à elle, les expédia dans les terres nouvelles de Bessarabie et de Crimée.

On voit donc que la circulation des Tsiganes ne s'explique pas toujours par des règles de nomadisme tribal mais aussi qu'elle fut imposée par les contraintes externes de statuts administratifs et économiques.

... et obscurantismes judiciaires

Des enjeux nationaux s'organisaient donc au XVIIIe siècle, autour du thème de l'affrontement culturel entre Orient et Occident dans des sociétés semi-occidentalisées. Ce climat obsessionnel propagé par les élites et l'opinion publique dite «éclairée», et associé aux terreurs populaires, donna lieu, en 1782, à une de ces fausses et terribles accusations révélatrices

La poussée de primitivisme des années 1770 dans la littérature et dans l'art, illustré par le genre du campement de Bohémiens (*Zigeunerlager*), a institué la légende noire des Bohémiens. Goethe a sacrifié à «tout ce bric-à-brac romantique» dans *Wilhelm Meister* tout comme Achim von Armin, Brentano, Kleist ou Lenau. L'héroïne, une jeune fille élevée dans de sombres forêts par les Bohémiens, découvre qu'elle n'est pas des leurs. L'enfant retrouve sa famille dans la joie et les pleurs.

de l'inconscient collectif. L'affaire présente l'une des premières accusations de cannibalisme à l'encontre des Tsiganes. Des journaux annoncèrent pendant l'été 1782 que des Tsiganes avaient été pris en Hongrie et avaient reconnu à leur procès avoir tué, cuit et même fumé vingt-huit personnes. Le *Hamburger Neue Zeitung* portait à quatre-vingt-quatre le nombre de personnes dévorées. Le chef de la bande, surnommé l'«Evêque», doué d'un solide appétit, avait englouti à lui tout seul deux femmes.

Si l'on sait bien que la vraie famine a de tout temps obligé à des extrémités, la mémoire occidentale des temps de disette était fondée sur l'occultation des faits et refoulait l'idée même d'anthropophagie. La rumeur s'amplifia et tous les journaux d'Autriche et d'Allemagne relatèrent la rage infernale de ces «cannibales d'Europe». Après un jugement hâtif, les Bohémiens furent exécutés. La vérité se fit jour : en août 1782, dans un comitat hongrois, une bande de Tsiganes avait été arrêtée pour vol. Or, à cette même

Sur le versant populaire de la légende noire, le trait est plus forcé. La crainte de l'anthropophagie marque jusqu'à nos jours l'imaginaire européen, comme en témoigne cette illustration du *Petit Journal* en 1926 : «Il y a encore des cannibales en Europe!», à la suite d'un procès en Tchécoslovaquie.

date, des personnes avaient disparu dans la région sans laisser de traces. On avait soumis les Bohémiens à la question, à la torture. L'un d'eux s'était écrié sous la douleur : «Nous les avons mangés.» Les accusations sans fondements d'anthropophagie se renouvelèrent longtemps.

«Egiptanos» en Espagne

Animées d'une volonté centralisatrice très précoce, les autorités castillanes ont longtemps hésité entre une politique de fixation autoritaire et l'expulsion collective des Gitans. Ces hésitations ont donné à la population gitane des traits culturels tout à fait originaux.

Les Gitans ont connu un âge d'or jusqu'en 1500, puis une période de répression et de sédentarisation, et enfin une tentative d'expulsion générale au XVIIIe siècle.

L'accueil aux premières troupes fut aussi favorable en Espagne qu'ailleurs. Le pèlerinage à Saint-Jacques-de-Compostelle en Galice, alors encore le plus grand de la chrétienté, justifiait une destination incertaine entre Navarre, Biscaye et pays de Labourd. Les *Egiptanos* pouvaient alors administrer la justice au sein de leurs compagnies et une lettre signée de Jean II d'Aragon, en 1460, exigeait qu'on leur prête main forte en cas de besoin.

Le théâtre espagnol a usé, dans le goût burlesque puis baroque, du déguisement pour multiplier les personnages de «faux Gitans» (en haut). Cervantès introduit dès 1610, avec *La Gitanilla,* le thème de l'enfant enlevé par des Gitans. Dans *Un paseo en Andalousie* (ci-contre) de Goya, le costume gitan exprime le style *majo* caractérisant l'élégance populaire. L'intérêt de la haute société pour ce type de décor est un phénomène général.

Le 4 mars 1499 pourtant, une ordonnance du roi, dite de Medina del Campo, mit un terme aux autorisations de pèlerinage et déclara vagabonds les Egyptiens et chaudronniers étrangers en leur donnant un délai de soixante jours pour se sédentariser ou quitter le royaume. Ce texte, régulièrement renouvelé, eut un effet à retardement. La sédentarisation très précoce provoqua la constitution d'une population gitane disposant tout à la fois de traits distinctifs (le costume, les noms, des coutumes) et bien intégrée dans la société par l'exercice de métiers licites et honnêtes, indispensables à l'économie locale.

EMATICA
V MAGESTAD MAN-
mulgue, en razon de los Gita-
que andan por el Reyno

Les Pragmatiques, textes royaux espagnols, se multiplient après 1499, imposant aux Gitans de se fixer, alors même que les Juifs et les Morisques sont ou seront expulsés (ci-dessous, Pragmatique de Philippe IV en 1633). A l'encontre des autres Etats, la politique espagnole insistait sur la sédentarisation nécessaire des Gitans. Les Rois Catholiques accordèrent le titre de «vieux Castillans» à des Gitans d'Andalousie, à condition qu'ils quittassent les traits distinctifs de leur «nation» et au premier chef le costume. La qualité de «vieux Castillan» était attribuée après enquête par la justice et l'Inquisition.

Mais les autorités castillanes étaient obsédées par la «pureté de sang». Qui pouvait se prétendre de véritable sang espagnol ? Soit l'on admettait que les Gitans constituaient une «nation» et il convenait d'en examiner le degré de «subversion» et de procéder à une expulsion générale ; soit on les considérait comme une engeance sociale malfaisante, générée par le mauvais exemple de la mendicité et de l'oisiveté, et il convenait de séparer le bon grain de l'ivraie et de procéder à l'élimination des traits distinctifs gitans et de «castillaniser» les individus. L'Inquisition se plaignait des subterfuges de simple magie pratiqués pas les Gitanes et leur faisait des procès. Mais elle ne déclarait pas satanique la nation bohémienne tout entière.

Les Gitans furent donc placés sous haute surveillance dans des zones de résidence dont il leur était interdit de sortir ; cette fixation renforça paradoxalement l'identité ethnique du groupe par des liens matrimoniaux et l'expérience commune de vexations permanentes. Ce régime de liberté surveillée devint plus rigoureux au XVIIIe siècle. Pourchassés par les archers de la Santa Hermandad (la milice de justice à privilège royal), ceux qui sortaient de leur territoire de résidence pouvaient être punis de six à huit ans de galères. Après 1717, on pouvait aussi tirer à vue sur des Gitans.

La rafle générale de 1749

L'arrestation générale de tous les Gitans d'Espagne fut décrétée en 1749 et organisée par le Conseil de guerre et l'évêque d'Oviedo d'une manière singulièrement retorse. Les ordres avaient été partagés en deux types de documents incompréhensibles par eux-mêmes. Une moitié fut remise aux autorités militaires, l'autre aux autorités ecclésiastiques. La réunion seule des deux moitiés permettait d'en connaître le sens ; l'exécution des ordres devait avoir lieu dans la nuit, à la même heure, sur tout le territoire espagnol. Plus de 10 000 personnes – hommes, femmes, enfants – furent arrêtées et enfermées dans les arsenaux de la marine. Mais cette décision parfaitement préparée ne fut suivie d'aucun ordre sur le devenir de la population arrêtée. Cet enfermement massif dans des galères désaffectées ou des arsenaux posa donc rapidement des problèmes aux responsables.

On craignait que l'entassement misérable des Gitans ne provoquât la propagation d'épidémies. Il y eut aussi des protestations des autorités des *Residencias* et, à la surprise générale, les témoignages en faveur des Gitans

Les discours implacables formulés par les élites dès le XVIe siècle, tels Sancho de Moncada, docteur de l'Université, ou Juan de Quiñones, juge à la Cour, ont porté la condamnation définitive : «Ceux qui se disent Gitans ne le sont ni d'origine ni par nature.» Leur manière de vivre est «nuisible à l'Etat». La langue qu'ils utilisent est un «artifice de voleurs, comme le jargon (*giriconça*) des aveugles» (ci-dessous). L'Espagne a hésité entre l'expulsion et l'éradication de tout particularisme afin de faire disparaître jusqu'au souvenir d'une «secte maudite». Le Portugal fut le premier Etat à entreprendre une transportation massive des Gitans aux colonies d'Amérique.

La situation misérable des Gitans nomades contraste avec la prospérité des familles gitanes d'Andalousie dites *flamencas*. Dotées de certificats de «vieux Castillans», exerçant des métiers respectables, liées aux armées des Flandres, ces familles ont développé après 1780 une sociabilité de type aristocratique fondée sur le bien-vivre et la prodigalité, la culture *flamenca* dont le *cante* (le chant *flamenco*) n'est qu'un aspect.

se révélèrent très abondants : ils avaient une conduite irréprochable, vivaient en bonne intelligence avec les *payos*, les non-Gitans ; leur présence était nécessaire à l'économie régionale.

De nombreux Gitans avaient pris la succession des Morisques comme boulangers ou forgerons. Les moulins à huile d'olive ne tournaient plus. En 1763 intervint enfin un ordre de libération générale. Le gouvernement ne s'était pas décidé à trancher pour une solution expéditive : la déportation en Amérique.

Mais les familles libérées ne purent recouvrer leurs biens qui avaient été saisis lors de leur arrestation. Certaines familles s'installèrent alors dans les grottes (*cuevas*) de Séville ou de Grenade.

Au XIXe siècle, les Tsiganes se sont coulés dans la vie rurale en adoptant toutes sortes de métiers. Sédentarisés ou demeurés itinérants, ils font l'objet d'un contrôle policier de plus en plus pressant. L'hostilité populaire se conjugue avec les interrogations suscitées par les origines controversées de ces populations.

CHAPITRE III
LA SÉDENTARISATION MANQUÉE

«Où as-tu été ma bien-aimée, / Quand il pleuvait si fort ? / J'étais assise près du feu / Et je te regardais.» Ce poème fut recueilli en 1882 par Antoine Kalina auprès des Tsiganes slovaques fabricants de clous (à droite) et publié dans un ouvrage offert au prince Radziwill.

L'enfance nue

Les saignées démographiques brutales et massives provoquées par les épidémies et les crises de subsistance ont persisté durant tout le XIXe siècle dans l'Empire ottoman. Les Tsiganes orientaux y résistèrent mieux que d'autres populations. Lorsqu'ils reprirent le cours de leurs migrations vers l'Ouest, cette résistance biologique, fruit des conditions terribles de l'existence nomade, fut regardée comme une énigme de plus. D'où venait donc cette marmaille nue et sale qui pourtant ne paraissait pas en trop mauvaise santé ?

Car, au tournant des années 1860-1870, voici, avec la mutation démographique et l'exode rural, le temps des concentrations miséreuses. Au cœur des cités industrieuses, la misère

« Les Ongrois sont arrivés à Carpentras le 13 juin 1868 », écrit l'artiste Denis Bonnet au dos du tableau ci-dessous. Ces nouveaux immigrants, venus de Hongrie ou des Balkans, circulent par bandes de trente à cent cinquante personnes dans des chariots découverts, en osier, attelés de petits chevaux rapides. A chaque étape, ils montent des tentes très vastes où ils font entrer les voitures.

installait la prostitution, l'instabilité morale et l'abrutissement physiologique.

Des prêtres, des hommes d'œuvre, des dames de charité se mirent à parcourir en tout sens ces espaces de pauvreté urbaine. Tout un courant de philanthropie sociale, inquiet de l'indifférence des patronats locaux, agissait en vue de la moralisation chrétienne et de l'assainissement social du peuple. Par un phénomène d'osmose entre l'exclusion sociale et l'exclusion ethnique, les Tsiganes furent incorporés à la «question sociale» et aux débats sur la criminalité virtuelle des «classes dangereuses».

Le thème imaginaire de l'enfant volé, abondamment repris dans la littérature, s'inscrivit alors dans l'ensemble des terreurs populaires.

Gustave Flaubert a vu une troupe semblable en Normandie en 1867. Le plaisir frondeur du côtoiement de l'exotisme lui permet de stigmatiser la ladrerie des bourgeois horrifiés par ce spectacle : «L'admirable c'est qu'ils excitaient la haine des bourgeois, bien qu'inoffensifs comme des moutons. Je me suis fait très mal voir de la foule en leur donnant quelques sous, et j'ai entendu de jolis mots à la Prudhomme… Moi qui suis toujours pour les minorités, cette haine m'exaspère.» Une Bohémienne des Vosges avouait à Prosper Mérimée : «Les Gentils sont si bêtes qu'il n'y a aucun mérite à les attraper.» Quant à Emile Zola, il décrit, en 1874, une halte de Hongrois à la porte de Saint-Ouen : «Comprenant qu'on les traitait en ménagerie curieuse, ils ont consenti, avec une bonhomie railleuse, à se montrer pour deux sous.»

«Enfant trouvé, enfant volé !» Romans (ci-contre, illustration du roman anglais *The Gypsey Girl*, 1836), «bonne presse», littérature enfantine sont destinés à un public féminin, aisément séduit et effrayé.

Victor Hugo fait évoluer Esmeralda (ci-dessus), la Bohémienne de *Notre-Dame de Paris*, dans une ville ténébreuse inspirée de la lecture de Collin de Plancy. Le *Dictionnaire infernal* de ce dernier était un ouvrage à la mode sur les leçons de sorcellerie de Bohémiens médiévaux qui n'ont en fait jamais existé.

La peur subite du rapt d'enfant marquait en fait un changement de sensibilité dans la mentalité occidentale. Jusque-là les familles s'étaient accommodées de la perte précoce et brutale d'un enfant, due aux terribles ravages de la mise en nourrice et aux conditions sanitaires périnatales et infantiles déplorables. Cela ne voulait pas dire qu'elles n'en souffraient pas. Mais c'était un sort partagé par tous.

Au XIXe siècle, dans une Europe qui connaissait enfin les effets d'une mutation démographique d'ampleur par l'abaissement de la mortalité générale et la fin des grandes épidémies, l'inégalité des conditions de l'enfance devenait patente et chaque famille crispait sur sa descendance les espoirs et les désespérances du siècle.

Le tarot des Bohémiennes

Dans l'âme populaire, le déclin de l'ancienne théologie de la peur, le passage du Dieu terrible au Bon Dieu, et la rechristianisation active après 1830 avaient dévêtu la Bohémienne de son habit de «sorcelage», et l'opinion commune la ravalait au rang de la cartomancienne retranchée dans une officine douteuse.

Les pratiques divinatoires étaient condamnées dans le code pénal français de 1810 ou bien dans le *Vagancy Act* anglais de 1824 comme un commerce illicite. Les Bohémiennes complétaient l'usage de la bonne aventure par la manipulation des cartes ou par l'oniromancie, la science des songes, en fonction de la demande. Elles opéraient une sorte de division du travail entre leurs activités campagnardes, où la bonne aventure demeurait une technique d'approche, et l'établissement dans une boutique en ville où le client venait à elles. Encore cette dernière activité, trop casanière, était-elle considérée avec circonspection par les Bohémiennes elles-mêmes, qui se demandaient bien le parti qu'on pouvait tirer d'un commerce aussi limité avec le *gadjo* (non-Tsigane pour un Tsigane).

Egyptomanie et services occultes font bon ménage. On pensait au XIXe siècle que la lecture de l'avenir dans le jeu de tarot était propre aux Bohémiens.

Les voies de Dieu sont impénétrables et les supports de la lecture de l'avenir sont innombrables. Reprenant l'argumentation d'une égyptomanie qui se prolongea longtemps, le docteur Encausse alias Papus, adepte des sciences occultes, faisait de la Tsigane dans le «Tarot des Bohémiennes» la détentrice absolue de la science occulte.

Une famille de Tsiganes anglais, les Boswell

Le monde anglo-saxon a toujours montré un intérêt insistant et assez énigmatique pour ses Gypsies en manifestant tour à tour un mépris violent pour la majorité d'entre eux et une attraction élitiste pour quelques familles.

D'un côté, la thématique romantique perdurait dans les cénacles d'artistes et d'esprits originaux. Le poète John Clare, né en 1793, fréquentait les Tsiganes. Il les célébra dans ses poèmes, vécut parmi eux, apprit à jouer du violon à leur manière, mais ne parvint jamais à apprécier leur cuisine, et en particulier le hérisson rôti sous la cendre, enrobé d'une croûte de terre. En fendant cette calotte de terre, on arrachait d'un coup les piquants retenus dans la glaise séchée.

De l'autre côté, s'affirmait le destin contrasté des Tsiganes anglais. Silvester Gordon Boswell naquit en 1895, à South Shore, Blackpool, sous une simple

Les Gypsies, qui n'avaient pas connu de comtes de Petite Egypte, élisaient des rois et des reines. Ci-dessus, le portrait de Margareth Finch, âgée, disait-on, de cent quarante ans en 1740. Au XIXe siècle, les Tsiganes circulaient en Grande-Bretagne et en Irlande depuis trois cents ans. Ci-dessous, la caricature anglaise d'un campement datant de 1820.

tente. Chauffée l'hiver par un feu de coke, éclairée par une lampe à huile, la tente était meublée d'un panier rempli de vaisselle et d'anciennes caisses d'oranges garnies de

couvertures écossaises.

Boswell nous a laissé son autobiographie, *The Book of Boswell. The Story of a Gypsy Man*. Avec son frère et ses sœurs, Silvester jouait toute la journée. Il donne de son enfance un récit enchanteur où toute trace du dénuement matériel est gommée. Pourtant une enfant nommée Miserata devait naître dans cette même famille. Seuls mauvais souvenirs : les séjours épisodiques à l'école et l'hostilité des gamins non tsiganes. De temps en temps, la famille prenait la route, exerçant les multiples activités propres à l'économie tsigane : étamage, chaudronnerie, repassage des couteaux, vannerie... L'on fréquentait les foires aux chevaux; les femmes disaient la bonne aventure; les enfants trouvaient quelques pence. L'on circulait dans toute l'Angleterre, en Ecosse et en Irlande. En fait, la famille Boswell appartenait à l'une de ces royautés tsiganes qui furent fréquentes, à partir de la deuxième moitié du XVIIe siècle, en Angleterre, un pays où l'on n'avait connu ni duc ni comte égyptien.

En 1901, un évangéliste avait converti toute la famille Boswell, et cette conversion marqua pour elle une coupure essentielle.

Déplacements, caravanes, hommes et animaux (ci-dessus, un Bohémien accompagné de ses chiens), tout était répertorié dans les *Gypsy Journals* rédigés par les *constables* et qui servaient à établir la liste des délits imputables aux nomades : *Table of Gipsy Crimes*. Devant la montée des expulsions, un Bohémien appuyé par la *Gypsy Lore Society* (fondée en 1888 à Liverpool) en appelle au roi en 1909 : *«We are English Gipsies, and we look to our King of justice»* (Nous sommes des Gypsies anglais et nous en appelons à notre Roi de justice).

L'activité débordante des évangélistes, qui comptaient déjà dans leurs rangs quelques Gypsies, tel Rodney Smith, et rivalisaient de zèle avec les baptistes et les méthodistes, eut une influence déterminante sur les Tsiganes en pays anglo-saxon.

Déjà en 1818, Keats écrivait : «Ces gens d'Eglise ont banni jeux de mots, rires et baisers.[…] Il est vrai qu'en dehors de la souffrance, il n'est pas de grandeur ni de dignité. […] Mais qui n'aimerait redécouvrir que Cléopâtre était une Gitane, Hélène une coquine, et Ruth une finaude ?»

L'existence de chefs tsiganes (à gauche, le roi des Gypsies du Somersetshire) servait à renforcer la cohésion des «bonnes familles». Le terme de «*Gypsy*» qualifiait d'autres voyageurs, les *Tinkers*, poussés sur les routes par le déclin de l'économie agraire. Ci-dessous, une scène de charité : G. Smith of Coalville visite un campement en 1879.

Charles Dickens a décrit les premières roulottes apparues en Angleterre dès 1830-1840 : des maisons de bois roulantes avec portes et fenêtres. Il s'amuse de voir les enfants portés dans des paniers «comme des oies vivantes».

La filière indianiste

Depuis le début du XIXe siècle, des historiens et des linguistes auxquels il faudrait joindre des folkloristes se passionnèrent pour la question des origines des Tsiganes. A leurs travaux portant sur la distribution des langues européennes à partir d'une souche commune dite indo-européenne, ils voulaient intégrer la langue tsigane, dite «romani cib», qui présentait selon eux tous les traits sémantiques d'une langue purement indienne proche de l'hindi.

Les investigations savantes furent menées alors sur trois fronts : la géographie historique de la dispersion par l'étude des chroniques anciennes, l'analyse de la langue par la linguistique comparée et les enquêtes anthropologiques.

Les partisans d'une origine fort ancienne des Bohémiens la faisaient remonter à la tradition biblique des tribus perdues d'Israël, à la descendance des fils de Cham. Mais dans ce cas, comment concilier chez un même peuple un principe

biologique sémitique et une langue purement indo-européenne ? On songea à nouveau à la «quête d'Isis» : une égyptomanie née au XVIIIe siècle et propagée par Voltaire faisait des Tsiganes les descendants des prêtres d'Isis, mais cette filière semblait peu crédible. On en vint alors à une hypothèse qui avait le mérite de la cohérence : celle d'une dispersion initiale d'un petit groupe nomade du nord de l'Inde, des *Jât* ou des musiciens

Le Vieux Musicien d'Edouard Manet (ci-dessus) porte le nom de Jean Lagrène (à gauche). C'était le patriarche d'une famille de Manouches d'Alsace établis à Paris, aux Batignolles. Il avait été ouvrier sur les chantiers du baron Haussmann, puis joueur d'orgue et enfin un modèle célèbre. «Tous les artistes connaissent ce petit homme et sa superbe tête», déclarait le tsiganologue français Paul Bataillard.

Lautari, suivie d'un séjour attrayant en Perse et d'un essaimage démultiplicateur dans l'Empire byzantin. L'indianiste français Paul Bataillard retraçait en 1870 les migrations tsiganes et Colocci, un linguiste italien, en donnait une carte complète.

Mais un autre mystère demeurait, le seul qui occupe encore véritablement l'historien. Si des crises de subsistance, des épidémies, des inondations ou des guerres avaient chassé une population de souche, ce n'était ni la première ni la dernière fois. Toute l'histoire est pleine de migrations humaines et de brassages permanents. Mais d'où vient alors le maintien de cette identité irréductible qui fait dire au Tsigane, en dépit des persécutions, qu'il n'est pas, qu'il ne sera jamais un *gadjo* (un non-Tsigane)?

La piste indo-européenne

L'étude de la langue avait fait basculer les Tsiganes dans la controverse discutable sur l'existence de l'indo-européen.

Paul Bataillard est introduit en 1871 dans les campements *calderari* de Paris par Jean Lagrène. Ses travaux confirment l'origine indienne de la langue tsigane. La première véritable grammaire tsigane est publiée à Prague (ci-dessous) par un savant tchèque, Anton Iaroslav Puchmayer, en 1821. En France, les grands indianistes et spécialistes du sanscrit Sylvain Lévi et Jules Bloch, Meillet et Vendryes ont donné à l'étude du romani ses lettres de noblesse dans le cadre de l'Ecole des langues orientales.

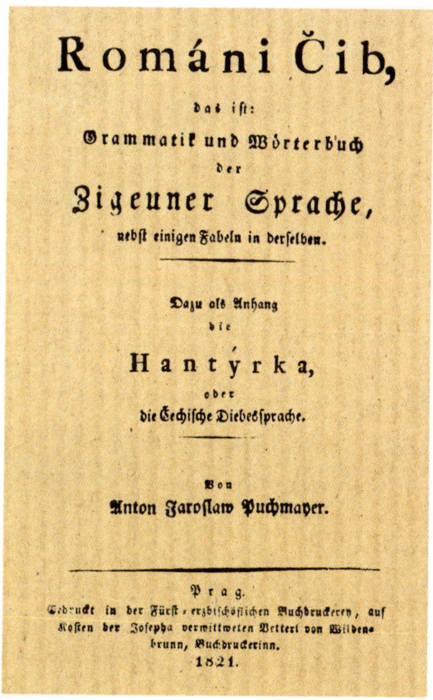

Románi Čib,

das ist:

Grammatik und Wörterbuch

der

Zigeuner Sprache,

nebst einigen Fabeln in derselben.

Dazu als Anhang

die

Hantýrka,

oder

die Čechische Diebessprache.

Von

Anton Jaroslaw Puchmayer.

Prag.

Gedruckt in der Fürst-erzbischöflichen Buchdruckerey, auf Kosten der Josepha verwittweten Vetterl von Wildenbrunn, Buchdruckerinn.

1821.

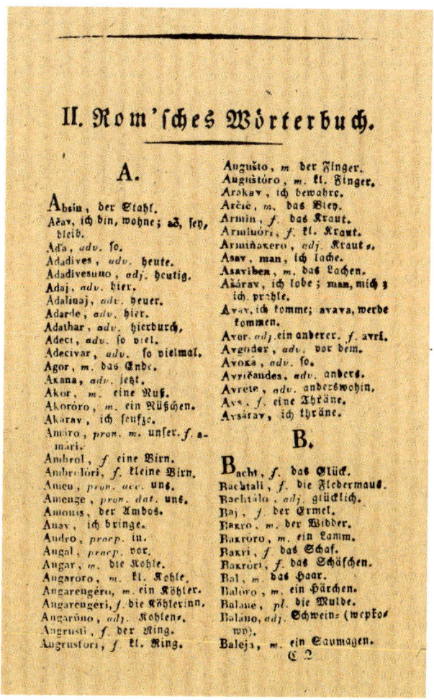

II. Rom'sches Wörterbuch.

A.

Absin, der Stahl.
Ačav, ich bin, wohne; ač, sey, bleib.
Ada, adv. so.
Adadives, adv. heute.
Adadivesuno, adj. heutig.
Adaj, adv. hier.
Adalinaj, adv. heuer.
Adarde, adv. hier.
Adathar, adv. hierdurch.
Adeci, adv. so viel.
Adecivar, adv. so vielmal.
Agor, m. das Ende.
Akana, adv. jetzt.
Akor, m. eine Nuß.
Akoróro, m. ein Nüßchen.
Akárav, ich seufze.
Amáro, pron. m. unser. f. amári.
Ambrol, f. eine Birn.
Ambrolóri, f. kleine Birn.
Ameu, pron. acc. uns.
Amenge, pron. dat. uns.
Amonis, der Ambos.
Anav, ich bringe.
Andro, praep. in.
Angal, praep. vor.
Angar, m. die Kohle.
Angaroro, m. kl. Kohle.
Angarengéro, m. ein Köhler.
Angarengéri, f. die Köhlerinn.
Angaruno, adj. Kohlen=.
Angrusti, f. der Ring.
Angrustori, f. kl. Ring.
Augušto, m. der Finger.
Augušttóro, m. kl. Finger.
Arakav, ich bewahre.
Arčič, m. das Bley.
Armin, f. das Kraut.
Arminóri, f. kl. Kraut.
Armiňaxero, adj. Kraut=.
Asav, man, ich lache.
Asaviben, m. das Lachen.
Ašárav, ich lobe; man, mich; ich prahle.
Avav, ich komme; avava, werde kommen.
Aver, adj. ein anderer. f. avri.
Avgoder, adv. vor dem.
Avoka, adv. so.
Avričaudes, adv. anders.
Avrete, adv. anderswohin.
Avs, f. eine Thräne.
Avsárav, ich thräne.

B.

Bacht, f. das Glück.
Bachtali, f. die Fledermaus.
Bachtálo, adj. glücklich.
Baj, f. der Ermel.
Bakro, m. der Widder.
Bakroro, m. ein Lamm.
Bakri, f. das Schaf.
Bakrori, f. das Schäfchen.
Bal, m. das Haar.
Baloro, m. ein Härchen.
Balaue, pl. die Mulde.
Baláno, adj. Schwein= (wepkowy).
Baleja, m. ein Saumagen.

C 2

❝Les Tziganes sont une des belles races de l'Europe. Ceux qui n'ont jamais vu de Tziganes véritables ne devront pas s'en tenir, pour avoir une idée de leur aspect physique, aux images qu'ont données d'eux les auteurs anciens. Les caractères physiques des Tziganes leur assurent, au contraire, une place fort honorable dans l'esthétique humaine. On trouve fréquemment, parmi eux, de fort beaux hommes et de fort belles femmes. Leur teint, légèrement basané, leurs cheveux noirs de jais, leur nez droit, bien construit, leurs dents blanches, leurs yeux brun foncé largement fendus, au regard vif ou langoureux, la souplesse générale de leur démarche, l'harmonie de leurs gestes, les placent, dans l'ordre de la beauté physique, bien avant beaucoup de populations européennes. [...] Evidemment, les femmes vieillissent vite. L'existence très dure que souvent elles mènent ne leur permet pas de conserver leur grâce première et leur fraîcheur.❞

Eugène Pittard, *Les Tziganes ou Bohémiens. Recherches anthropologiques dans la Péninsule des Balkans*, Genève, 1932

[Les photos ci-contre sont de Pittard.]

Les Allemands Grellmann et Rudiger s'étaient attachés dès 1780 à prouver la parenté du bohémien et de l'hindou. Mais ce fut au milieu du XIXe siècle qu'un professeur de Halle, August Friedrich Pott, par une étude comparée de la langue tsigane avec celle de l'Inde, parvint à démontrer l'origine indienne incontestable de la culture tsigane et à mettre fin aux spéculations sur «la langue de nous inconnue» dont parlait l'auteur d'un rapport de police en Alsace en 1809.

Pott publia donc en 1844-1845, à Halle, *Die Zigeuner in Europa und Asien*, une étude comparée de la langue tsigane avec celles de l'Inde. La langue dérivait bien des idiomes populaires du

L'INDICE CÉPHALIQU

DE LA PÉ

INFLUENCE DE LA

LE Dr

nord de l'Inde et, en dépit de sa singulière bâtardise, elle appartenait bien par sa construction au fier sanscrit.

L'origine indienne de la langue tsigane fut donc rapidement tenue pour acquise. Mais quelle était son degré véritable de pureté ? Pour Eugène Pittard, célèbre professeur d'anthropologie de l'université de Genève dans les années 1930, elle était «cette sorte de sabir que tous les Bohémiens nomades utilisent, formé d'un fonds de mots hindous, auxquels se sont jointes des bribes d'idiomes très variés, ramassés au cours de leurs nomadisations». Entre 1850 et 1910, l'Europe des scientifiques décidait du destin des Tsiganes. Elle admit une sorte d'incorporation honteuse à la souche aryenne et prit soin de séparer en théorie les Tsiganes idéalement purs, mais introuvables, de l'immense masse des métis, sortes de composés de castes inférieures qui campaient aux abords des cités.

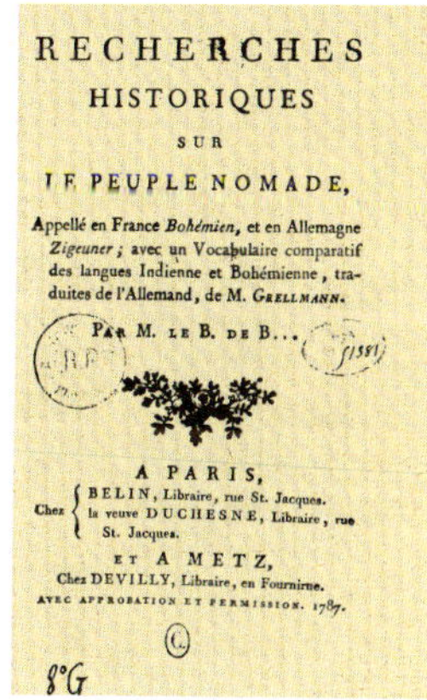

RECHERCHES
HISTORIQUES
SUR
LE PEUPLE NOMADE,

Appellé en France *Bohémien*, et en Allemagne *Zigeuner* ; avec un Vocabulaire comparatif des langues Indienne et Bohémienne, traduites de l'Allemand, de M. GRELLMANN.

PAR M. LE B. DE B...

A PARIS,
Chez BELIN, Libraire, rue St. Jacques.
la veuve DUCHESNE, Libraire, rue St. Jacques.
ET A METZ,
Chez DEVILLY, Libraire, en Fournirue.
AVEC APPROBATION ET PERMISSION. 1787.

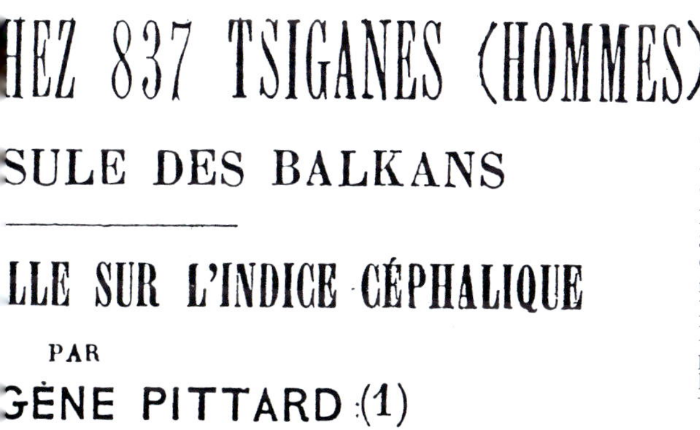

HEZ 837 TSIGANES (HOMMES)
SULE DES BALKANS

LLE SUR L'INDICE CÉPHALIQUE
PAR
GÈNE PITTARD (1)

L'ouvrage de Grellmann, publié en Allemagne en 1783 (ci-dessus, édition française de 1810), eut une influence considérable. Selon Grellmann, les Tsiganes descendraient d'une caste musicienne. Les bayadères (danseuses orientales) décrites par Sonnerat dans le *Voyage aux Indes Orientales* (1774-1781, à gauche) ressemblaient aux Bohémiennes qui «montraient à danser» en Europe. Après 1850, la raciologie reprend le dossier de l'origine ethnique. L'étude anthropométrique effectuée par le professeur Hovelacque grâce au «crâniomètre» du professeur Topinard fut applaudie par le grand chirurgien Paul Broca et reprise par E. Pittard de l'université de Genève.

Entre 1844 et 1865, un changement profond intervient dans la condition de nombreux Tsiganes : la fin de leur servage en Europe orientale. Cette libération a eu pour effet de déclencher de nouvelles vagues de migration à travers l'Europe et jusqu'en Amérique.

CHAPITRE IV

LA «TRIBU PROPHÉTIQUE» S'EST REMISE EN ROUTE

"Les filles sauvages. [...] Je me souviens qu'un jour, ayant sur le cœur quelque gros chagrin d'écolier, je fis le rêve de monter dans une de ces voitures qui partaient, de m'en aller bien loin, au bout du monde, roulant à jamais le long des routes."

Emile Zola, *Nouveaux Contes à Ninon*, 1864

Le réservoir ethnographique de l'Europe centrale et balkanique

Dans ces régions, le sort des Tsiganes dépendit, après 1840, d'un mouvement d'ensemble : un effort général de mise en valeur des grands domaines seigneuriaux dans une production à forte prépondérance agricole. Sous la conduite de grandes dynasties princières, les propriétaires fonciers, eux-mêmes de conditions très diverses et pas forcément nobles, cherchèrent à profiter, surtout après 1815, du désenclavement du commerce international des grains et de la libération du commerce avec l'Occident.

Les cours princières, décrites par des diplomates français fort diserts, étaient envahies de sombres popes ou de prêtres de toutes sortes, de nounous paysannes, de mademoiselles françaises,

L'ouverture des détroits du Bosphore au commerce international (ci-dessous, un caravansérail à Trébizonde) a favorisé la redécouverte de la civilisation des «Osmanlis», comme les Turcs aimaient à se faire appeler. Les Tsiganes étaient attachés aux grandes maisons et l'Anglais Wilkinson s'étonnait vers 1810 que les enfants nobles fussent élevés par des nourrices tsiganes en compagnie de la marmaille d'une domesticité pléthorique.

L'orientalisme triomphe dans l'art occidental. Le thème bohémien est un sujet de prédilection pour les peintres amateurs de sujets dits «de race», traités en portraits, tel ce jeune Bohémien serbe de Charles Landelle, paré avec une certaine grâce de tous les atours de l'Orient : le fez, le gilet noir à passementeries, l'habit frangé et l'inévitable tambourin. Ce thème pictural traversa le cap difficile du naturalisme et séduisit Corot, puis les impressionnistes comme Monet (*Le Montreur d'ours, La Gitane à la cigarette*) ou Renoir (*La Petite Bohémienne*, où l'on voit une petite fille sortie des brousailles), jusqu'aux modernes : Chirico ou Matisse.

de *Gretschen* allemandes, de *miss* anglaises, de comptables et de surintendants. Les sérails ottomans aux gynécées comploteurs développaient une civilisation aristocratique assez semblable, un mélange de sens festif, d'évergétisme, de prodigalité diffuse et d'âpreté politicienne qui faisait de chaque potentat local un maître après Dieu.

Une domesticité tsigane abondante s'agitait mollement en tout sens quand le maître des lieux arrivait ; les cochers rentraient les équipages, un serf était chargé de l'allumage des cheminées, un autre de la présentation des menus

Les Tsiganes en Europe orientale restaient au XIXe siècle divisés en plusieurs catégories selon qu'ils étaient nomades ou sédentaires. Les *Laiesi* (ci-contre) circulaient entassés dans des chariots souvent d'osier et ils plantaient leurs tentes aux abords des villages.

et les Bohémiennes servaient la confiture de rose – la *vicne* –, le *laci* ou le *vanilia* – la boisson fermentée tolérée dans les demeures turques –, le thé ou le café selon la tradition culturelle de la maison chrétienne ou musulmane.

L'image gracieuse de la Tsigane de Cour cachait une réalité plus sombre. Alexandre G. Paspati, bon observateur des Tsiganes dont il parlait la langue, voyageait dans l'Empire ottoman vers 1870. Il y avait observé, en Roumélie, des Tsiganes nomades et sédentaires; il constatait un dénuement extrême et l'aversion

Théodore Valério inaugure un genre de description ethnographique lorsque, engagé pendant la guerre de Crimée dans l'armée turque d'Omar Pacha, il montre (ci-contre) les habitations troglodytes des Tsiganes sédentaires de Crimée souvent attachés au travail de la mine ou à l'orpaillage.

prononcée des populations locales à leur encontre.

Les Tchinghianés laissaient leurs demeures d'hiver, qu'ils appelaient *qyshla* (quartiers d'hiver pour l'armée) vers la mi-avril et se dispersaient dans toute la contrée voisine. Les uns descendaient vers l'Asie Mineure par le Bosphore ; d'autres remontaient vers le Nord qu'ils quittaient à nouveau en octobre. D'autres encore ne sortaient jamais d'une province, où ils connaissaient tous les villageois.

Ordinairement, ils campaient en dehors des villages. Ils étaient mieux tolérés dans les villages turcs. De toutes façons, nomades et sédentaires tsiganes se détestaient cordialement. Les nomades étaient presque tous musulmans et les sédentaires chrétiens ; les uns et les autres se fréquentaient peu,

Les nomades étaient divisés en différentes classes et représentés par le chef de la tribu, le voïvode ou *bouloubasha*. Il existait des *fierari*, maniant les métaux, des *caldarari* ou chaudronniers (ci-contre), des *linguarari* (fabricants de cuillères en bois). «C'est bien la horde la plus sale et la plus infâme qui existe.» Ici, une femme, nue jusqu'à la taille, fume comme un homme. : «Habitude courante», observait encore Auguste de Gérando en 1850, scandalisé par «un marmot de cinq ans, assis nu près du feu et fumant la pipe».

s'accusant mutuellement de changer de religion au gré des convenances.

L'esclavage en Moldavie et en Valachie

La Roumanie faisait partie de ces sociétés agrariennes, se composant d'un nombre restreint de boïars, maîtres des terres et bénéficiaires de l'exemption fiscale, et d'une majorité de paysans. Les Tsiganes étaient pour les seigneurs une main-d'œuvre gratuite et corvéable à l'«extraordinaire multiplicité»; il fallut attendre la révolution de 1848 pour que les milieux libéraux s'intéressent à leur sort. Au XIXe siècle, cela faisait cinq siècles qu'ils étaient réduits en esclavage.

Le Tsigane était la chose du maître, qui le vendait ou l'échangeait à son gré, payant ses dettes en âmes tsiganes. Par exemple, sur sa feuille de dot, en 1832, Anica Manu, fille du Grand Vornic Michel Manu, qui épousait un colonel de l'armée russe, recevait «une calèche neuve de Vienne» d'une valeur de cent soixante ducats d'or à la place de trente Tsiganes *Laiesi* qu'elle avait eus en héritage. L'Eglise, propriétaire de milliers d'esclaves, participait activement à ces transactions. Les unions mixtes étaient rares, et la compagne d'un Tsigane devenait automatiquement esclave. Elles furent interdites en Valachie.

Le Tsigane subissait toutes sortes de sévices, dont les coups sur la plante des pieds. La rossée sur la place publique était monnaie courante. A Cernauti, capitale de la Bukovine, en 1821, les autorités autrichiennes de la ville, écœurées par de telles pratiques, avaient voulu les interdire. Une délégation de boïars, indignés que l'on pût ainsi limiter leurs privilèges, obtint un compromis. La correction ne pourrait être exécutée désormais que derrière la maison. Mais avec le retour de nombreux étudiants d'Occident acquis aux idées libérales, le mouvement antiesclavagiste se développa. Il fut rejoint par des seigneurs éclairés comme Alexandre Ghika ou les frères Golescu. La révolution de 1848 en Valachie proclama officiellement l'abolition de l'esclavage. L'occupation conjointe des principautés danubiennes par la Russie et les Turcs en rétablit l'usage.

«Les Russes ont le plus grand mépris pour cette caste», s'il on en croit E. D. Clarke, qui séjourne à Moscou en 1812. Les Tsiganes, comme les autres serfs, étaient la propriété des barines (ci-dessus, une vente de moujiks). Il existait en fait une profonde tolérance à leur égard, et ce mélange de liberté dans la servitude avait frappé Pouchkine. Dans *Les Tsiganes* (1824), il exalte l'existence nomade : pauvreté et liberté.

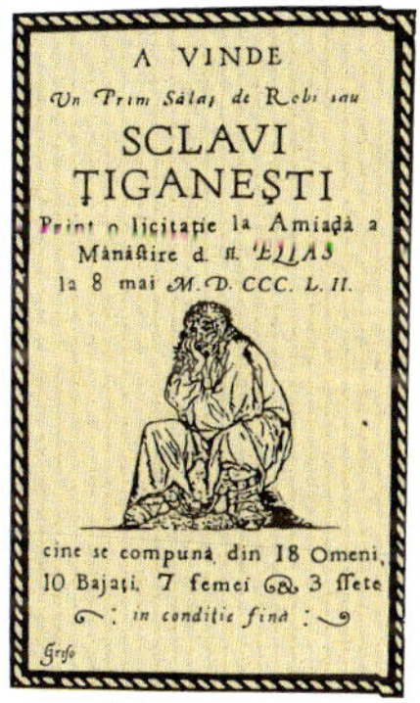

Les Tsiganes des provinces danubiennes ont connu un statut de servitude personnelle jusqu'en 1865. Nomades, ils devaient se présenter une fois par an à la cour du boïar pour la prestation de corvée, le recensement et l'établissement des contrats d'achats et de ventes (ci-dessus, affiche de vente d'esclave tsigane indiquant son prix). «Il y a quatre cent mille Cigains qui sont esclaves et deux cent mille autres qui sont couverts des ténèbres de l'ignorance et de la barbarie ! Et personne ne se donne la peine de civiliser tout un peuple», estimait en 1837 un diplomate roumain, Michel de Kogalnitchan. «Voilà comment sont les Européens,» concluait-il.

Ce ne fut que le 22 décembre 1855 que le nationaliste roumain Grégoire Ghika fit adopter définitivement la loi d'émancipation en Moldavie suivie peu après par la Valachie.

En passant par la Russie

Dans une nouvelle, *Les Deux Hussards*, en 1856, Tolstoï conte une nuit de fête passée par quelques officiers avec un chœur tsigane. L'habitué de l'auberge tsigane était appelé le *guliaka*. Il venait régulièrement à la maison de bois du quartier des auberges à Moscou, l'*arbat*, entendre le «chant sauvage et passionné» de la Tsigane, selon l'expression du marquis de Custine, et boire du vin du Don.

La société russe aimait et redoutait le contact avec les Tsiganes qu'elle fréquentait beaucoup. Le goût pour la musique, le chant et le jeu, mais aussi pour les femmes était partagé par une fébrile jeunesse militaire que le service prolongé du tsar contraignait à une camaraderie exaltée en de rares moments de distraction. On trouvait des quartiers de plaisirs dans la moindre préfecture de cet empire immense.

A la fin du siècle, jeunes gens fiévreux en blouse d'étudiant, journalistes prolixes, avocats établis et policiers zélés se mirent pourtant à préférer le café littéraire à la consolatrice d'un soir dont parle Tolstoï : «J'écoutai ce bavardage roublard de la Tsigane, et ce soir-là, je la croyais sincère.» Un des oncles de Tolstoï, Féodor Tolstoï, colonel des hussards en retraite, avait en effet épousé une chanteuse tsigane, reine d'un chœur moscovite, Audotia Tougalev.

Pas de fête sans orchestre tsigane chez les princes régnants de Valachie. Franz Liszt a été doublement influencé par la musique tsigane : en 1847, il entend Barbu Lautaru, un célèbre violoniste. Enthousiasmé, il vide son verre, l'emplit de pièces d'or et l'offre au musicien. Il apprécie aussi Janos Bihary, l'un des créateurs de la célèbre *Rà Koczy Induló, Marche de Rakoczie* (l'hymne national hongrois actuel), musique tsigane si entraînante qu'elle servait à étourdir les victimes des sergents recruteurs (ci-contre, «Danse du recrutement» en 1816) ou animait d'«une fièvre triste» les auberges ou *csardas* (page de droite, en bas).

L'un de ses frères avait une maîtresse bohémienne. Dans *Guerre et Paix*, on rend visite à un propriétaire marié à une Tsigane. Dans la haeute société russe, les mariages mixtes n'étaient pas rares.

Bohémianisme et Bohémiens

L'accueil fait en Europe occidentale, et en particulier en France, aux migrations du XIXe siècle procède de la même tolérance ambivalente.

Si les Tsiganes se cantonnaient dans cette fonction superflue qui était de donner un supplément festif à l'âme européenne, l'accueil était enthousiaste. Parmi les musiciens les plus célèbres, un Tsigane hongrois, Janos Bihary, avait joué en 1814 aux fêtes du Congrès de Vienne. Il s'y était amouraché d'une archiduchesse impériale. Plus les Européens affichaient des goûts matérialistes, plus la musique tsigane quittait les salons aristocratiques pour envahir les cafés, les jardins et tous les établissements publics.

Le phrasé du violon dit «à la hongroise», qui est une interprétation particulière de la musique hongroise, a fait vibrer Mérimée, Baudelaire, Massenet, François Coppée et

Le succès des *Lautari* (musiciens roumains) et des Hongrois, dont Patikarius, «véritable coqueluche de Paris», applaudi par Berlioz à l'Exposition de 1867, a ouvert la voie aux *Csardas*, aux valses de Strauss (ci-contre) et aux pots-pourris. Une princesse de Caraman-Chimay, en épousant un musicien, allait défrayer la chronique en 1897.

Edmond Rostand. Liszt a publié en français, avant de le traduire en allemand, *Des Bohémiens et de leur musique*.

Depuis le milieu du XIXe siècle, le bohémianisme s'était installé dans l'art lyrique avec les espagnolades, le genre viennois et le style slave. *Le Trouvère* de Verdi, en 1853, était inspiré d'un récit d'Antonio Garcia Gutierrez, auteur picaresque du XVIIe siècle ; *La Fiancée vendue*, en 1866, du Tchèque Smetana, présentait un jeune paysan déguisé en ours pour suivre son Esmeralda et, bien sûr, en 1875, la *Carmen* de Bizet était chantée à l'Opéra-Comique. *Le Baron tsigane*, en 1883, de Johann Strauss fils associait tous les ingrédients du style roccoco viennois (le *Gemütlich*).

La vogue du flamenco fut plus lente à se répandre. Théophile Gautier, en 1843, parle d'une musique «assez semblable au grincement enroué des cigales», et le marquis de Custine oppose, en 1831, aux habits négligés de la danseuse «le pied ravissant, souple, un pied arabe et chaussé comme celui de la femme la plus distinguée», qui fit les délices de sa soirée.

Au tournant du siècle et de la modernité de la plus lointaine Russie, Serge de Diaghilev et Nijinsky se lancèrent à leur tour sur la piste du primitivisme. Surpris par les correspondances qu'ils devinaient entre les rythmes russes et gitans, ils partirent en Espagne sur les traces de la danse gitane. Ils enlevèrent d'ailleurs un Gitan, Pedro, et l'emmenèrent à Londres, où celui-ci devint fou. Même recherche d'un synchrétisme tellurique dans *L'Amour sorcier* de Manuel de Falla, en 1915, qui mit en scène une *cueva* (grotte) de Grenade.

L'intérêt postromantique situait donc l'imaginaire bohémien entre un appel lointain à l'élévation de l'esprit et la nostalgie du primitivisme. «Il faudrait renaître et ne rien, absolument rien savoir sur l'Europe», disait alors Paul Klee.

En France, une circulation sous haute surveillance

Depuis 1850, en France, mus par un même mélange de curiosité et de répulsion, des écrivains comme Flaubert ou Mérimée poussaient la curiosité jusqu'aux abords des campements pour contempler ces Bohémiens orientaux qui venaient en grand nombre de l'Est.

En mai et juin 1867, une trentaine de chaudronniers hongrois, pourvus de papiers visés par l'ambassade d'Autriche, plantaient leurs tentes en Normandie. Plusieurs milliers de personnes se pressaient pour les contempler.

Les Tsiganes orientaux entraient en France par la frontière du Rhin. Une circulation intense dans un secteur aussi sensible provoqua une fixation au Rhin, et l'on accusa les Bohémiens, surtout après la guerre de 1870, d'être des agents au service de l'Allemagne. Camille Audigier donnait le ton dans *Le Correspondant*. Il y déclarait que «maquignons pour la forme, ils sont surtout de remarquables espions». Les préfets argumentaient de la même façon.

En juillet 1907, jupe longue et le visage encadré du foulard du mariage, Vania Reinhardt, âgée de quatre-vingt-treize ans (à gauche), affronte les curieux qui contemplent la caravane retenue à la frontière franco-suisse (ci-dessus).

Un rédacteur de province ayant entendu des Tsiganes hongrois parler en allemand les trouvait bien savants de connaître ainsi les langues étrangères, et il se demandait : «Qui sait si Bismarck ne paie pas leur science et leurs frais de route ?»

De tous temps, les Tsiganes se sont livrés à des activités saisonnières compatibles avec le voyage. Faner les foins en remontant du Midi au Nord selon le cycle traditionnel des fenaisons, sarcler les jardins, ramasser les fruits de saison, démarcher, fréquenter les foires et les marchés, vendre des chevaux, autant d'activités qui ne distinguaient pas particulièrement les Tsiganes des autres migrants.

La sédentarisation ne diminuait plus la ségrégation. Dans le Pays basque, on rencontrait des Bohémiens bergers ou laboureurs. Ils avaient pris à bail des terres

Les caravanes venaient d'Allemagne, dotées de passeports collectifs délivrés en Turquie ou en Autriche qui ne suffisaient pas à convaincre les autorités. Elles étaient fréquemment immobilisées pendant plusieurs semaines. *L'Illustration* de juillet 1907 (photo ci-dessus) évoquait ces «sans-patrie auxquels aucun pays ne veut accorder l'hospitalité».

devant notaire comme métayers ou fermiers. Leurs noms ne les distinguaient pas. On les appelait «cascarrots». Déjà, sous l'Ancien Régime, on les rencontrait et leur présence était très mal vue de la population.

«Conducteurs d'animaux féroces»

Assurément plus inquiétants étaient les montreurs d'ours bosniaques ou hongrois qui parcouraient toute la France, souvent expulsés comme étrangers «conducteurs d'animaux féroces». Ils revenaient pourtant offrir aux villageois le frisson d'une attraction originale.

Ainsi, durant tout le dernier quart du XIXe siècle, les familles déjà installées en Suède, en Autriche, en Finlande et ailleurs, des Boumbay, des Déméter ou Demettre, des Zurka et des Taïcoun firent souche en France. Leurs solides généalogies se dessinaient au gré des naissances, dans les registres d'état civil entre le Puy-de-Dôme, le Cantal, la Haute-Loire, l'Aveyron et le Lot. Joseph Taïcoun était, en 1884, le chef d'une bande dont la venue inquiéta un préfet. Celui-ci le fit incarcérer préventivement. Joseph reçut aussitôt des télégrammes de sa femme s'enquérant de

«Presque toutes les semaines nous avons de ces voitures de Bohémiens où grouillent pêle-mêle adultes, enfants de tous âges, chiens... qui se répandent dans les villages, harcelant les habitants pour avoir de l'argent, des aliments, du linge et pour couronner ces exhibitions, de temps à autre des étrangers faisant danser leurs ours et demandant [de l'argent] aux populations effrayées.»

Rapport de la gendarmerie de Nevers, 1881

sa santé et de l'état de ses finances. Sa famille, venue depuis peu de Bosnie, chaudronniers et nomades pauvres et en principe analphabètes, avait très vite compris l'intérêt de cette invention technique toute nouvelle dont l'usage était inconnu alors du grand public…

Aux frontières avec l'Italie, les Sinté piémontais, tels les Bouglione, passaient les Alpes. Les états du recensement général de tous les «nomades et Bohémiens» prescrit pour le 20 mars 1895 dans toute la France fournissent sur ces migrations une mine de renseignements. Les moyens de transport décrits par les gendarmes ont changé ; les chariots d'osier et les tentes ont disparu et la roulotte apparaît. C'était maintenant de véritables maisons de bois roulantes avec portes et fenêtres et le tuyau de poêle qui passait par le toit bombé ; un escabeau de quelques marches s'y adaptait à l'arrière ; des voitures bâchées à deux ou quatre roues étaient peintes en vert ou en plusieurs couleurs.

Le retour des «lois de police»

Les Bohémiens n'étaient pas les seuls itinérants à faire l'objet d'une surveillance particulière. Scieurs de long foréziens, maçons de la Creuse, colporteurs, ramoneurs de Savoie et d'Auvergne, marchands de parapluies du Cantal, chiffonniers, marchands d'herbes et de plantes, chaudronniers auvergnats

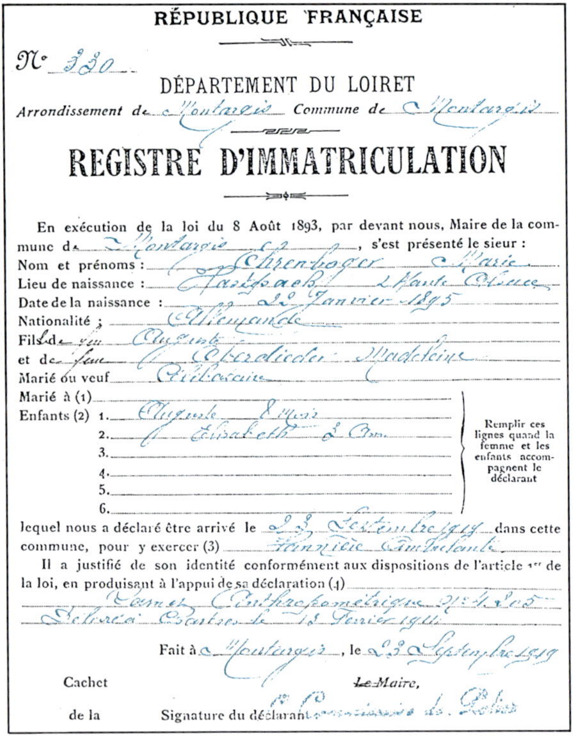
RÉPUBLIQUE FRANÇAISE

N° 320

DÉPARTEMENT DU LOIRET

Arrondissement de Montargis Commune de Montargis

REGISTRE D'IMMATRICULATION

En exécution de la loi du 8 Août 1893, par devant nous, Maire de la commune de Montargis, s'est présenté le sieur :
Nom et prénoms : Ehrenboger Marie
Lieu de naissance : Hartzbach Haute Alsace
Date de la naissance : 22 Janvier 1895
Nationalité : Allemande
Fils de feu Auguste
et de feue Eberdieder Madeleine
Marié ou veuf Célibataire
Marié à (1)
Enfants (2) 1. Auguste 8 mois
2. Elisabeth 2 ans
3.
4.
5.
6.
Remplir ces lignes quand la femme et les enfants accompagnent le déclarant

lequel nous a déclaré être arrivé le 23 Septembre 1919 dans cette commune, pour y exercer (3) Vannière Ambulante

Il a justifié de son identité conformément aux dispositions de l'article 1er de la loi, en produisant à l'appui de sa déclaration (4) Carnet Anthropométrique N° 4805 Délivré Chartres le 13 Février 1911

Fait à Montargis, le 23 Septembre 1919

Cachet de la

Le Maire, Le Commissaire de Police

Signature du déclarant

Le nombre des «étrangers ambulants» est impressionnant entre 1880 et 1920. Les listes de chefs de famille inscrits dans les registres de «chanteurs, jongleurs, joueurs d'orgue, dentistes, lutteurs, etc.» sont pleines de noms de ce genre : «Mitrovich Stephan, 4 familles montreurs d'ours et de singes» ou «Yovanovic Vassa, Bosniaque, 18 personnes, rempailleur de chaises», ou encore «Demestre Parado, 3 roulottes, 19 personnes, tous nés en France» (ci-contre, registre d'immatriculation). Au contrôle renforcé des «professions itinérantes» s'ajoute en 1895 le recensement des «nomades et étrangers» (illustré, en haut, à droite, dans *Le Petit Journal*). Georges Clemenceau, ministre de l'Intérieur, institue les fameuses «brigades du Tigre» pour intercepter les nomades, et les nouvelles méthodes d'anthropométrie du préfet de police Bertillon sont appliquées pour la première fois à leur encontre.

formaient une mobilité suspecte et nécessaire. La hantise d'une circulation non contrôlée posait un problème aux pouvoirs publics qui hésitèrent jusqu'en 1912 entre plusieurs politiques. Les Bohémiens se trouvèrent pris entre les feux des réglementations concernant la nationalité, la profession et le stationnement.

Au lieu d'avoir un effet cumulatif, les décisions pouvaient s'exclure l'une l'autre. Les circulaires de police administrative conservées dans les dossiers relatifs aux «nomades et Bohémiens» réclamaient toujours des préfets et des magistrats l'«application énergique des lois de police concernant les vagabonds et les étrangers dangereux».

La circulaire du ministre de l'Intérieur du 19 novembre 1864 précisait que «les Bohémiens appartiennent en effet à l'une ou l'autre de ces catégories, souvent aux deux à la fois». Mais encore fallait-il le prouver.

Dans un autre domaine, concernant la réglementation des professions itinérantes, en 1854 et 1863, des circulaires ministérielles prescrivaient l'établissement d'un carnet spécial de saltimbanque. Les gens du cirque qui employaient de nombreux enfants, agiles et maigrichons, étaient particulièrement surveillés dans leur ensemble et pas seulement les saltimbanques bohémiens. On leur adjoignait les bateleurs, escamoteurs, joueurs d'orgue, musiciens ambulants ou chanteurs. Mais encore fallait-il parvenir à identifier ces gens. Le repérage des Bohémiens par la nationalité ou la profession s'avérait difficile, et les rapports remis aux préfets reflétaient la perplexité des gendarmes.

La politique française au début du XXe siècle repose sur la volonté toujours affirmée de réduire la mobilité et de voir les lois scolaires appliquées jusque dans les roulottes. Ci-dessous, l'école foraine de Paris, où l'on fait la classe aux enfants des gens du voyage.

Le recensement et le carnet anthropométrique

La seule méthode était donc de dresser l'état des lieux. Une circulaire ministérielle des 12 et 13 mars 1895 prescrivit un dénombrement général des nomades et Bohémiens. Les résultats furent examinés par une commission extra-parlementaire, chargée d'étudier les moyens d'exercer une surveillance étroite des vagabonds. Le rapport, daté du 29 mars 1898, estimait à quatre cent mille le chiffre global sur les vagabonds de toutes catégories et à vingt-cinq mille le nombre de «nomades en bande, voyageant avec roulotte». Doués de l'ubiquité que confère l'itinérance, les Bohémiens étaient vus partout à la fois. Affolés de l'importance d'une population qu'ils avaient contribué à surestimer statistiquement, les parlementaires mirent à l'ordre du jour des débats de la Chambre des députés la surveillance des populations nomades. La commission avait suggéré pour ces derniers l'établissement d'une pièce d'identité spéciale. Cette solution fut retenue dans les dispositionsde la loi du 16 juillet 1912, qui institua le carnet anthropométrique des nomades. La loi instaurait un système de contrôle discriminatoire et disciplinaire et

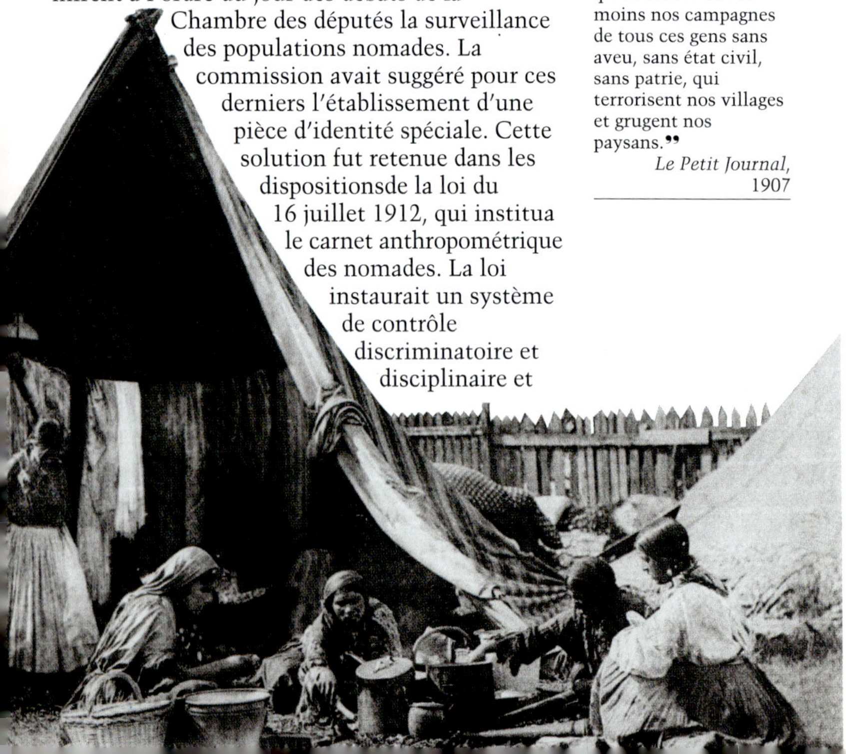

❝Qu'il nous faille subir les nomades de nationalité française, passe encore, mais qu'on débarrasse au moins nos campagnes de tous ces gens sans aveu, sans état civil, sans patrie, qui terrorisent nos villages et grugent nos paysans.❞

Le Petit Journal, 1907

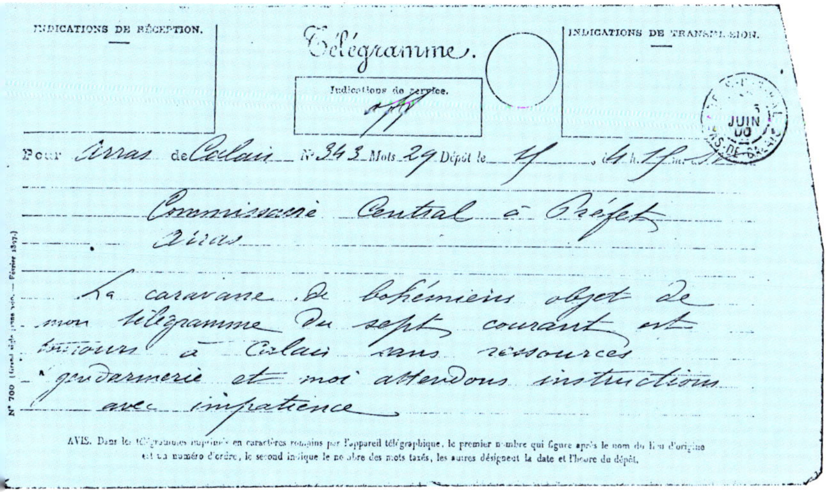

INDICATIONS DE RÉCEPTION.

Télégramme.

Indications de service.

INDICATIONS DE TRANSMISSION.

JUIN 00

Pour Arras de Calais N° 343 Mots 29 Dépôt le 11 à 4 h. 1 m.

Commissaire Central à Préfet
Arras

La caravane de bohémiens objet de mon télégramme du sept courant est toujours à Calais sans ressources gendarmerie et moi attendons instructions avec impatience

AVIS. Dans les télégrammes imprimés en caractères romains par l'appareil télégraphique, le premier nombre qui figure après le nom du lieu d'origine est un numéro d'ordre, le second indique le nombre des mots taxés, les autres désignent la date et l'heure du dépôt.

N° 700 (Grand aigle papier vergé. — Février 1897.)

allait rester en vigueur près de soixante ans. Chacun, y compris les très jeunes enfants, était détenteur d'un carnet comprenant photographie et empreintes digitales, et qui devait être visé dans chaque commune. Or la loi donnait aux maires le pouvoir d'interdire aux nomades tout stationnement sur leur territoire. Ces mesures perturbaient le rythme d'une mobilité économique soumise à des contraintes (date des foires, récoltes et vendanges, etc.) et elles grevaient par des amendes un budget par nature fluctuant. Le résultat en fut l'abandon du voyage pour des familles qui circulaient depuis plus d'un siècle.

Cette dénonciation constante, dans la presse, de la «plaie des campagnes» embarrassait plutôt la police. Le télégramme au préfet ci-dessus le prouve. Bien des Bohémiens de France étaient là depuis l'Ancien Régime, Manouches vanniers ou moissonneurs itinérants. En 1830, George Sand parlait de «ces enfants naïfs et déguenillés», les jeunes vanniers de l'Indre. Ces familles étaient encore accueillies régulièrement par les paysans pour les travaux saisonniers dans les campagnes populeuses de la fin du siècle (ci-contre).

Pendant la Deuxième Guerre mondiale, la liquidation aussi brutale qu'anarchique menée par les Allemands, largement aidés par les autorités locales, a dispersé les familles et détruit le tissu d'un enracinement pluriséculaire. «Chacun a sa place dans l'ombre», disent les Tsiganes. Aujourd'hui, une Europe malthusienne regarde leurs familles au mieux comme un archaïsme, au pire comme une menace.

CHAPITRE V

LES TSIGANES ET LES NATIONALISMES EUROPÉENS

En 1918, la chute des quatre grands Empires a pris au piège les Bohémiens ambulants (à gauche, Tsiganes sur la route en Hongrie en 1912). En Allemagne, la police intensifie son action en se servant des signalements du *Zigeuner-Buch*.

Zigeuner-Buch

herausgegeben zum amtlichen Gebrauche im Auftrage des K. B. Staatsministeriums des Innern vom Sicherheitsbureau der K. Polizeidirektion München.

Bearbeitet von

Alfred Dillmann,

Oberregierungsrat bei der K. Polizeidirektion.

La politique allemande contre les Tsiganes

Après la Première Guerre mondiale, alors que dans les autres pays les Tsiganes ou «gens se disant tels» se confondaient avec de multiples catégories d'itinérants tout autant surveillés par la police, la traque des Tsiganes occupait en Allemagne toute l'attention.

La dénonciation du «fléau tsigane» (*Zigeunerplage*) remontait aux recherches effectuées sous l'autorité d'un haut fonctionnaire de la police impériale, Alfred Dillman, qui avait fondé en 1899, à Munich, un service dénommé par la suite Office central pour la lutte contre le péril tsigane. Alfred Dillman avait constitué le *Zigeuner-Buch*, un gros ouvrage de près de trois cents pages qui rassemblait les signalements des Tsiganes allemands.

Le même photographe donne à voir ces familles parfaitement intégrées, pratiquant dans la vie allemande le «bon ménage», domiciliées et légitimées : à droite, commerce des chevaux en 1910 à Berlin ; ci-dessous, mariage en 1920.

La «question tsigane» était en Allemagne un débat politique, lié à l'extension des fonctions sociales de l'Etat. Dès les années 1920, au Reichstag, les partis nationalistes s'opposaient au maintien des «Tsiganes de l'intérieur», qualifiés pourtant par un député en 1901 de «citoyens bons, honnêtes et loyaux». Ils réclamaient une expertise générale de la population tsigane domiciliée car ils jugeaient que son intégration réussie menaçait par le développement des mariages mixtes le *Volk*, la communauté allemande, qu'ils prétendaient «régénérer».

Les désordres sociaux issus de la Première Guerre mondiale stimulèrent l'activisme policier et les services de l'Office central. Les arguties pseudo-scientifiques sur la «nature biologique» supposée des Tsiganes devaient servir à point nommé les intentions des nazis, qui, à partir des lois de Nuremberg de 1935 entreprirent la destruction collective des Tsiganes du Reich et, ultérieurement de l'Europe sous leur domination. Ils avaient repris à leur compte l'argument policier d'instabilité sociale, mais ils joignirent à la dénonciation traditionnelle des manières de vivre tsiganes une indexation raciale discriminante. Les idéologues de la «nouvelle science allemande» produisirent une théorie particulièrement retorse qui menaçait aussi bien les familles sédentaires que les nomades. Ils admirent habilement une origine mythique indo-européenne, dont les traces avaient désormais disparu chez les Tsiganes, auxquels ils reprochaient – comble du paradoxe – leur trop grande assimilation. Par contre, les nazis firent basculer l'ensemble des Tsiganes dans la catégorie de «criminels irrécupérables», telle qu'elle était définie par le second volet des lois de Nuremberg. La dévalorisation ethnique permit alors d'associer

leur destin à celui des *Mischlinge*, des métis dont le sort n'était pas encore fixé.

L'«hygiène raciale» et les Bohémiens

«Seuls en Europe les Juifs et les Tsiganes sont d'un sang étranger», c'est ce que déclarait en 1936 le docteur Hans Globke, alors chef de bureau au ministère de l'Intérieur, devenu après la guerre membre du cabinet d'Adenauer. Selon lui, il convenait d'appliquer aux Tsiganes le traitement réservé aux «demi-Juifs».

Cela signifiait que les Tsiganes devaient connaître les procédures de déclassement que les nazis firent subir aux catégories intermédiaires dites «hybrides» qu'ils avaient eux-mêmes définies arbitrairement. Les théories classiques de la police faisaient de la mobilité le critère d'un comportement «asocial». Mais comment reconnaître des Tsiganes abhorrés dès lors que ceux-ci étaient sédentaires et ne présentaient

Le tournant essentiel de l'action policière a été pris en décembre 1938 et en octobre 1939 par les ordres de Himmler : dissolution des «bandes», c'est-à-dire des familles, et «relogement», c'est-à-dire internement dans des camps (page de gauche, expulsions en Rhénanie en 1938; ci-dessous, arrestations par la police autrichienne à Vienne). Les internés furent «versés» à Ravensbrück, pour les femmes et les enfants, et à Buchenwald ou Dachau, pour les hommes.

guère de traits ethnographiques particuliers ? Le problème se trouvait compliqué par le caractère très flou de la définition proposée en 1936 de l'«asocial» : tout individu qui montrait par son comportement qu'il ne pouvait s'intégrer à la communauté de sang, du *Volk*. Les auteurs retombaient alors dans la dénonciation savante des manières bohémiennes, faisant état du fardeau économique que représentaient pour l'aide sociale ces familles démunies à la fécondité élevée. Les mariages mixtes, au lieu d'être le signe d'une intégration sociale réussie, étaient bien la preuve du caractère «dégénéré» d'une race «très dangereuse pour la race allemande». Mais ce «behaviorisme» vulgaire et radical ouvrait la boîte de Pandore. Dans certaines familles allemandes, les règlements de compte les plus mesquins passaient au profit des idéaux nationaux-socialistes sur la foi mensongère de délations multiples. Dans quelle mesure devait-on, selon les nazis, faire entrer les Tsiganes dans les

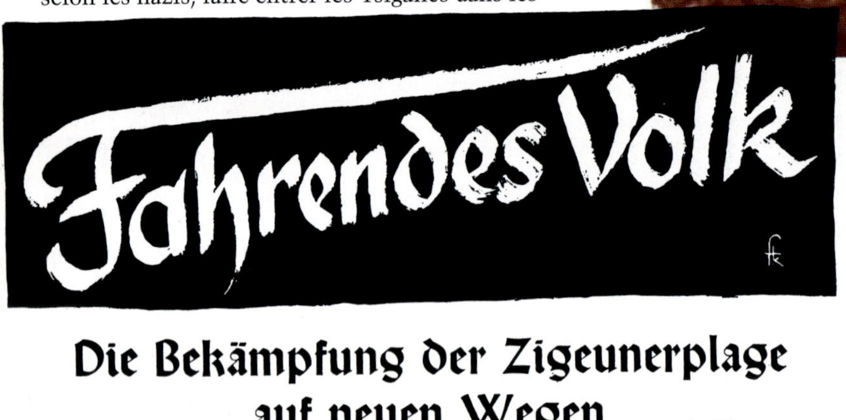

programmes d'euthanasie. Il fallait procéder à une expertise générale d'après les méthodes de la biologie appliquée. Ce choix ouvrait le champ potentiel des expérimentations des médecins du troisième Reich.

Le docteur Ritter, anthropologue et médecin, entreprit donc, avec son assistante Eva Justin, le classement de la population tsigane. En 1937, il

Dans le *NS-Rechtsspiegel* (le «miroir du droit allemand») en 1939, la lutte contre les Tsiganes impose, selon son auteur, de ne pas s'arrêter à la «sympathie pour des figures de romans ou d'opérettes».

Robert Ritter (ci-contre) et Eva Justin (ci-dessous) devaient rendre un verdict d'expertise en fournissant les listes de Tsiganes de «pure race» et celles des *Zigeunermischlinge* (Allemands métissés de sang bohémien) pour statuer sur leur sort. Eva Justin avait bafoué délibérément la confiance des Bohémiennes qu'elle fréquentait et qui l'avait surnommée *Loli sej* (la «Fille aux cheveux rouges»). Elle réclama avec Robert Ritter leur stérilisation systématique.

prenait à Berlin la direction du Centre de recherches en eugénisme et biologie des populations qui dépendait du Bureau sanitaire du Reich. De 1937 à 1944, il travailla au recensement généalogique et à l'examen anthropologique de tous les Tsiganes allemands dont la population était évaluée à trente mille personnes. Il pouvait écrire dès 1940 que «90 % de ceux que l'on appelle les Tsiganes nationaux sont des métis», et il préconisait leur rassemblement dans des camps de travail forcé et leur stérilisation comme moyen de libérer les «générations futures» du fléau tsigane. Il préconisait une politique de «localisation» en Pologne et la stérilisation de masse.

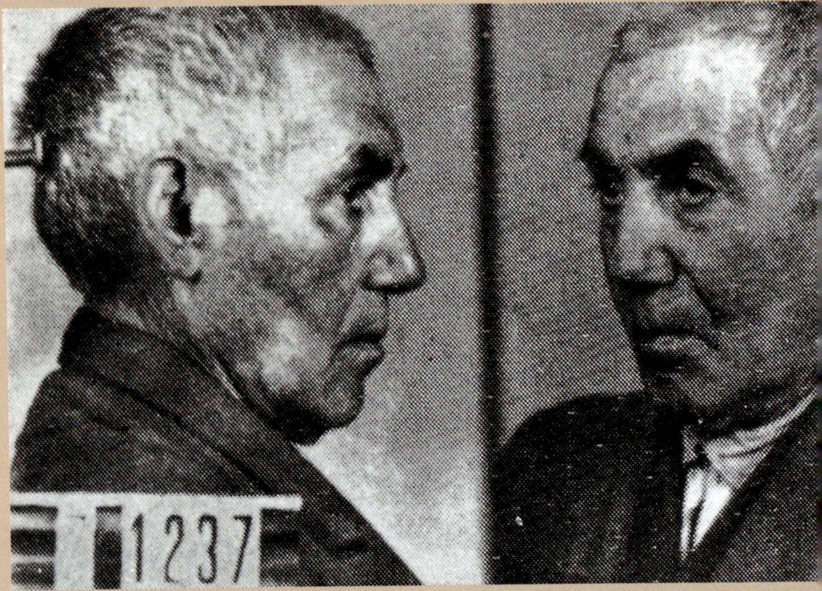
1237

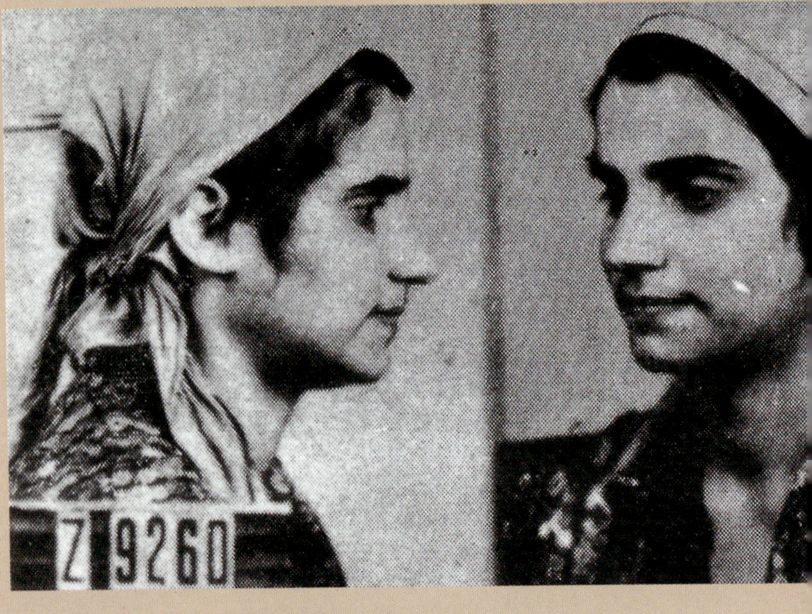
Z 9260

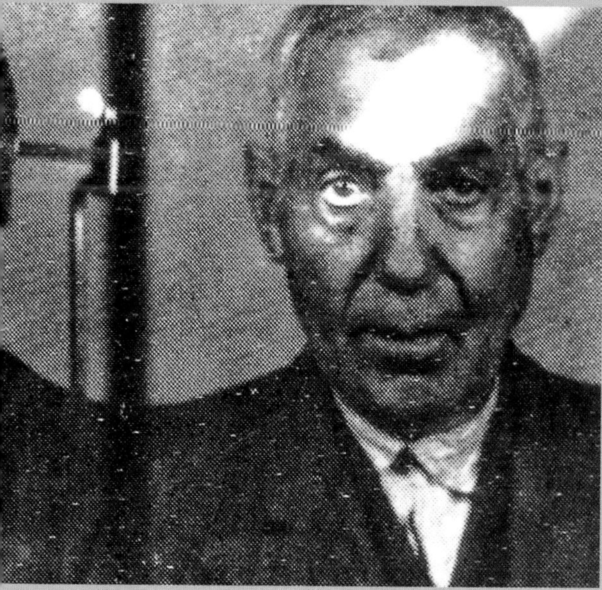

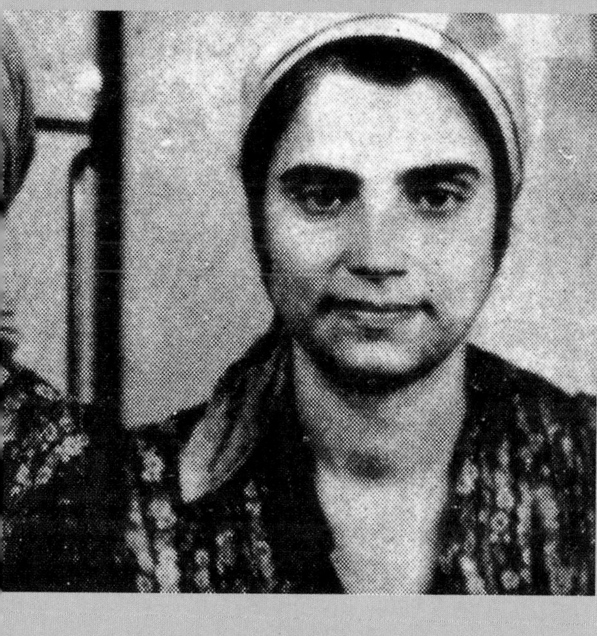

❝Ces événements se situent entre avril et août 1944. Mon amie Simonne Labadie dite «Zouzou», dix-neuf ans, atteinte de tuberculose pulmonaire, faisait d'assez longs séjours au *Revier* [infirmerie] de Ravensbrück, (Block 10). Chaque jour je me rendais à ce Block, prendre de ses nouvelles, et c'est là qu'un jour nous avons eu la surprise de voir arriver vers nous une petite Tsigane, une jolie petite fille de douze ou treize ans, vêtue non pas comme nous de la tenue rayée, mais d'une robe de grosse toile d'un triste gris uni, beaucoup trop grande pour son petit corps si menu, retenue à la taille par une simple ficelle, un numéro de matricule, probablement un triangle. De grands yeux bleus éclairaient ce visage très basané et déjà émacié par la faim et les privations. Elle parlait parfaitement le français. Etait-elle française ? Etait-elle seule ? [...] Elle venait probablement en quête d'un peu de pain, quelques restes de soupe, auprès de femmes trop malades pour pouvoir absorber encore l'horrible nourriture. [...] Mais jamais plus nous n'avons su ce qu'elle était devenue.❞

Solange Périchon,
Témoignage transmis
par Anise Postel-Vinay

Une Europe sans Tsiganes

En fait, les succès de l'armée allemande et la politique de germanisation des territoires conquis modifièrent cette perspective, et l'action personnelle de Himmler eut pour effet d'incorporer les Tsiganes au système de la déportation dans les camps de concentration.

Les Tsiganes furent tour à tour soumis à des systèmes de traitement contradictoires, qui visaient tantôt les hommes seuls par le travail forcé, tantôt les familles entières. Des rafles massives eurent lieu très tôt dans tout l'espace du Grand Rèich qui devait devenir selon les nazis *zigeunerfrei* (pur de tout Tsigane). On sait ainsi qu'à l'automne 1941 des déportations furent opérées à destination du ghetto de Lodz, l'un des ghettos où étaient rassemblés les Juifs de l'Est. Sur une initiative semble-t-il régionale, le ghetto fut évacué entre janvier et avril 1942 et les quelque cinq mille nomades, dont la moitié d'enfants, firent parti des convois juifs gazés à Chelmno.

Les Tsiganes étaient internés dans tous les camps de concentration. A Auschwitz-Birkenau, le «camp de famille» (*Familienlager*), ou «camp tsigane (*Zigeunerlager*), ouvert en 1942 – trente-deux baraques séparées par des barbelés –

regroupaient vingt mille personnes. Le médecin chef d'Auschwitz, le docteur Mengele, mit à profit sa nomination pour procéder à des expérimentations humaines dont l'atrocité était à la mesure de la perversité des stratèges de la race. Il utilisait des enfants tsiganes marqués du sigle «matériel de guerre».

Ces abominations n'étaient nullement le fruit de cerveaux exaltés. Elles étaient commandées par la hiérarchie universitaire la mieux établie, et celle-ci en suivait avec le plus grand intérêt le bilan. Les Tsiganes constituaient une «population-test» pour l'«hygiène raciale», dont le but était non seulement d'éliminer les races dites inférieures, mais de percer

La Pologne conquise est tour à tour envisagée comme le «dépotoir» de l'Allemagne puis comme une zone de recolonisation qui doit au préalable être «purifiée» (des Juifs, des politiques et des Tsiganes). Ces photographies prises par un SS montrent le parcage de Tsiganes dans le camp de travail de Belsec. Ce camp fut fermé en octobre 1940 pour devenir un centre de gazage.

in vivo le secret génétique de la race allemande. Finalement, Himmler envoya au gaz les survivants du «camp de famille» dans la nuit du 1er aout 1944. Dans les Etats satellites, les Allemands laissèrent aux autorités locales le soin de procéder aux massacres. Ce fut le cas en Roumanie et en Croatie. En Yougoslavie, l'armée allemande avait pris en otage toute la population tsigane, suspectée d'aider les partisans.

La France constitua un cas à part. Par une circulaire du 6 avril 1940, un internement massif des titulaires de carnets anthropométriques eut lieu. Les Tsiganes furent rassemblés par familles entières dans les camps de la zone Nord, puis dans ceux de la zone Sud après l'armistice. Les Allemands ont organisé un convoi vers l'Allemagne de la France du Nord et de Belgique, mais dans l'ensemble les Tsiganes demeurèrent dans ces camps, contrairement aux Juifs internés. Donner une estimation globale des victimes tsiganes n'est pas à ce jour un objectif irréalisable.

Le Musée d'Etat d'Auschwitz et le Centre des Sinte et Roms de Heidelberg ont publié un mémorial des internés tsiganes à Birkenau.

H-nr	H-Ar
9921	Fr.Z.
9922	"
9923	Fr.Z.
9924	Fr.Z.
9925	D.Z.
9926	Fr.Z.
9927	Belg.

Les arrestations ont eu lieu dans toute l'Europe occupée (ci-dessus, liste des immatriculés à Auschwitz). Les Tsiganes furent dispersés. Le camp tsigane (à droite) appartenait au complexe d'Auschwitz dans la section II de Birkenau. Dans les dix-sept mois que dura la vie du camp, les Tsiganes furent près de dix mille à y mourir, dont près de trois mille dans la nuit du 1er au 2 août 1944, quand le camp fut liquidé et que hommes, femmes et enfants furent gazés sur ordre de Himmler (à droite). Les déportés à Auschwitz avaient un numéro de matricule tatoué sur le bras (à gauche).

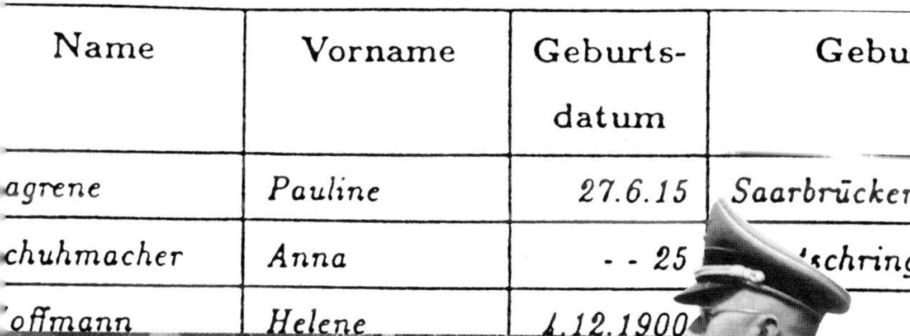

Name	Vorname	Geburts-datum	Gebu
agrene	Pauline	27.6.15	Saarbrücken
chuhmacher	Anna	- - 25	schring
offmann	Helene	4.12.1900	
			ruck

63 % des Tsiganes enregistrés dans ce camp étaient d'origine allemande ou autrichienne ; 21 % provenaient du protectorat de Bohême-Moravie. Des recherches approfondies dévoileront peu à peu l'ampleur des massacres opérés sur le front Est par les *Einsatzgruppen* (sections de SS) et, plus encore, sans doute, par l'armée régulière, la Wehrmacht, ainsi que la part de certains régimes d'Europe centrale et orientale. Entre la théorie et les réalités d'une guerre totale aux fronts fluctuants, il y avait toute

la distance qui séparait la diligence d'administrateurs en chambre de l'exécution des basses œuvres. La «solution finale», c'est-à-dire les gazages en masse effectués immédiatement après la descente des trains, permettait techniquement de mettre en œuvre la liquidation totale des Juifs, mais pouvait-il en être de même pour une population encore soumise aux décisions contradictoires de Himmler ? Le système de la déportation et de la liquidation de masse était d'une terrible modernité, et donc parfaitement reproductible en ce qui concerne l'expérimentation eugéniste.

L'auteur d'un reportage paru dans le périodique communiste *Regards* le 15 septembre 1945 avançait le chiffre de cinq cent mille Tsiganes exterminés pendant la guerre, sans donner de précisions.

Après-guerre : durer dans l'hostilité

Le sort tragique réservé aux Tsiganes pendant la Seconde Guerre mondiale ne modifia pas fondamentalement l'attitude générale de ségrégation dont ils ont été l'objet depuis

Après l'armistice, bien que de nationalité française à plus de 90 %, les nomades sont restés dans les camps d'internements français de la zone Nord, notamment à Montreuil-Bellay, à Jargeau et à Poitiers, et de la zone Sud, à Rivesaltes et à Saliens.

En octobre 1940, la *Feldkommandantur* 549 basée à Orléans ordonne aux autorités françaises de procéder à l'arrestation des nomades. Le camp de Fargeau est ouvert. La plupart des Tsiganes du Loiret sont raflés par la gendarmerie nationale. Les conditions de vie y sont déplorables. Ci-contre, le réfectoire aménagé en 1943.

des siècles. En Europe occidentale, les interdictions de stationnement se multiplièrent après-guerre. En France, il faut attendre 1969 pour que la loi de 1912 soit révisée. En Europe orientale, les régimes communistes dénoncèrent le «parasitisme» tsigane, et les gouvernants ont longtemps hésité entre une politique d'assimilation par la sédentarisation forcée qualifiée d'«intégration sociale» et une politique de rassemblement ethnique et de «cantonnement». En tout état de cause, le mépris s'ajoutait à l'ignorance et l'ancienne culture de contact se délitait dans la statistique sociologique.

La mutation démographique d'après-guerre, marquée par la baisse générale de la mortalité, en particulier infantile et juvénile, et le maintien d'un âge au mariage très précoce, jusque dans les années 1980, avait favorisé, en l'absence de toute contraception, une fécondité très élevée et multiplié

les naissances. Depuis 1991, le retour d'une «question tsigane» dans presque tous les pays de l'Europe centrale et orientale a été amplifié par les mouvements de population vers l'Allemagne. L'opinion internationale découvre avec stupeur l'existence d'un peuple qu'elle croyait disparu. Les pays d'Europe centrale et orientale qui ont tant de mal à trouver leur point d'équilibre national s'accordent tous à crier haro sur le Tsigane et il se forme un sentiment européen antitsigane nouveau. La normalisation sociale et ethnique avait semblé constituer une réponse appropriée aux défis de la pauvreté bohémienne.

A présent, la promotion nationale s'accompagne d'un refus global de l'existence tsigane qui va bien au-delà de la dénonciation du vagabondage structurel. Il s'agit d'un refus physique global. Entre partage ethnique et expulsion physique, l'éradication totale d'une présence détestée est ouvertement exigée par les ultranationalistes dans toute l'Europe.

La famille est le bien le plus précieux. Les mariages précoces permettent les familles nombreuses et le *chavoro* est entouré d'un soin jaloux qui ne se mesure pas au caractère propret d'un petit *gadjo* (non-Tsigane).

Les enjeux de la libre circulation

Tenter de faire comprendre le point de vue tsigane n'est pas alors une tâche aisée. Les Tsiganes ont conscience d'entrer dans un univers fini, l'espace juridique européen de circulation. Ils sont désormais partagés entre deux désirs opposés et difficilement conciliables : l'affirmation du droit de citoyenneté individuelle à l'intérieur de chaque nation et le principe d'une reconnaissance collective en tant que minorité nationale dans toute l'Europe.

Ces divergences s'expriment dans le conflit latent qui se développe entre «nouveaux

"Chez les Manouches, les sobriquets sont particulièrement savoureux. [...] Ces noms parfois hautement poétiques se transmettent souvent des parrains ou marraines. [...] Les Roms n'ont pas l'imagination débridée des Manouches. Mais comme tous les Tsiganes, ils considèrent que le nom de l'état civil ne signifie rien de bon. C'est celui que contrôlent les gendarmes, celui qui vous désigne aux mauvais coups. Le nom romano est plus facile à porter, il vous attache à la famille et vous plonge dans la chaude sécurité du clan."

André Barthélémy,
Routes de Gitanie,
1982

immigrants» orientaux cherchant la Terre promise occidentale et des familles tsiganes parfaitement intégrées, établies pour nombre d'entre elles depuis le XVIIe siècle en Europe de l'Ouest.

Ces revendications ne sont pas récentes, mais elles ont pris un tour nouveau du fait même de l'audience créée par la conjoncture de déstabilisation politique et sociale générale de l'Europe. En apparence, les progrès ont été remarquables, promus par le vaste élan d'angélisme qui a saisi les technocrates européens après la chute du mur de Berlin. Ainsi, le document final de la réunion de la Conférence sur la Sécurité et la Coopération (CSCE), qui s'est tenue à Copenhague en juin 1990, a reconnu les problèmes spécifiques des Roms d'Europe. Les Etats participants ont condamné clairement «le totalitarisme, la haine raciale et ethnique». L'Union internationale rom, quant à elle, lançait un appel aux Etats membres pour

En 1971, les délégués du premier Congrès mondial tsigane adoptent le terme de «Rom» pour qualifier le peuple tsigane et se donnent un drapeau (à gauche). Ils affirment l'existence d'un mouvement national rom. La remarquable pérennité de la langue tsigane s'explique par le rôle essentiel qu'elle joue dans la formation de l'identité familiale. C'est à la fois un véhicule transnational dans ses multiples dialectes et en même temps l'instrument de la mise en ordre du monde intérieur dès les premiers âges de la vie. Matéo Maximoff (ci-dessous) est écrivain tsigane et pasteur évangéliste. Il a publié de nombreux romans, dont une saga tsigane, *Les Ursitori*.

Ci-dessus, premier abécédaire en romani établi par Marcel Cortiade. Ci-dessous, premier recueil bilingue de poésie romani/français. Son auteur Rajko Djuric est un leader international rom, originaire de Yougoslavie et contraint à l'exil.

la reconnaissance des Tsiganes en tant que minorité nationale, les invitant à enquêter sur les actes de violence commis dans le Kosovo, en Roumanie et en Tchécoslovaquie.

L'Europe et les Tsiganes

Ainsi, une série de résolutions a été prise par le Conseil de l'Europe concernant l'éducation, l'assistance et la circulation des populations tsiganes à l'intérieur de la Communauté. Fort libérales, ces décisions ont soulevé un espoir considérable dans des familles où l'information circule d'autant plus vite qu'elle est rarement une information écrite. Mais elles tranchaient par trop avec des conjonctures nationales bien plus répressives. Alors que les déplacements intérieurs traditionnels étaient soumis à des tracasseries administratives de plus en plus lourdes, le franchissement des frontières se simplifiait. En Europe, la plupart des Tsiganes sont sédentarisés, même s'ils gardent une mentalité de nomades. Ce qui reste très fort, ce sont les liens familiaux. Ils gardent en mémoire une généalogie.

Une génération d'intellectuels tsiganes, qui comprend des hommes tout à fait remarquables, devenus par la force des choses les porte-parole de

leur communauté, anime un mouvement national rom qui se cherche. Les représentants des institutions tsiganes de l'Europe orientale disposent d'une audience à la mesure du poids numérique de leurs communautés. On estime à cinq millions sur un total de quinze millions de Tsiganes le nombre de Tsiganes de l'Est. Ceux de Roumanie représentent à eux seuls près de un million de personnes, soit près de 10 % de la population totale. Ils sont encadrés par des *bouloubashi*, assez traditionalistes (ce terme entré dans la langue tsigane, dérive du turc et signifie «chef de tribu»), que l'on accuse de tous les trafics.

Les leaders tsiganes ont donc exposé devant les technocrates européens, pour le moins perplexes mais toujours à la recherche d'interlocuteurs représentatifs, les arguments en faveur de solutions contradictoires. La tentation est grande pour les représentants tsiganes de réclamer un statut de minorité trans nationale qui leur permettrait d'échapper à la discrimination juridique et sociale actuelle. Le danger n'en serait que plus grave. En effet, la création artificielle d'une collectivité trans nationale disposant d'un droit à part autorisera localement tous les abus. En particulier, la reconnaissance

L'archipel ethnique de l'Europe orientale comprend cinq millions de Tsiganes. Ils constituent la minorité la plus importante. L'effondrement du communisme a provoqué une évolution contradictoire entre reconnaissance comme minorité nationale et recrudescence des actions racistes. Ci-dessus, un pogrome en 1993 à l'encontre de Tsiganes sédentaires du Kosovo.

internationale de la minorité européenne tsigane, loin de protéger les individus, risque de donner corps aux réclamations d'expulsion de masse comme collectivité indésirable, professées par les nationalistes de tout poil ou même brandies comme menace par le gouvernement roumain. De situations locales abusives mais éclatées (stérilisations de femmes tsiganes en Tchécoslovaquie, incendies de demeures en Transylvanie, expéditions punitives dans les quartiers tsiganes, «ghettoïsation» renforcée en Espagne, etc.), on passera inéluctablement à une politique eugénique de gestion d'une population démunie à laquelle pourtant l'Histoire avait accordé jusqu'à présent des conditions de survie. Après avoir prétendu hypocritement ne pouvoir réguler des déplacements en aval, on cherchera à réduire en amont la taille des familles, non par une intégration économique lente et progressive, mais par un contrôle brutal de sa reproduction démographique.

Ce n'est pas la première fois dans l'Histoire que la prétendue «question tsigane» sert de révélateur à des tentations latentes de gestion biologique des populations, menaçant à nouveau une de ces «nations» (au sens ancien du terme) d'Europe qui allait en paix depuis des siècles.

Le sentiment d'appartenir à une culture commune est pour les Tsiganes une réaction récente. Effectivement, une abondante littérature poétique exprime l'expérience de la guerre comme Sterna Weltz, originaire d'une famille de vanniers, dans son recueil *Romanès* («Qu'on se souvienne / ces gorges ouvertes») ou Papusza, Tsigane polonaise. La désespérance des cités est évoquée avec Sandra Jayat dans *Lunes nomades* : «Tchavo [gars] de la cité du vent / Dis-moi la couleur du couteau / Qui a tranché ta guitare.» Karoly Bari chante la nostalgie : «Dans la cour des tavernes / Les filles pincent une cithare noire.» Ci-dessous, une photo extraite du film de Tony Gatlif, *Latcho Drom*, 1993.

TÉMOIGNAGES ET DOCUMENTS

«Chaque époque – et la nôtre n'y échappe pas – se considère comme la dernière à être bénie (et maudite) par la présence des Tsiganes. Qu'ils soient bienveillants ou hostiles, romantiques ou cyniques, les commentateurs ont une opinion bien arrêtée : les "errants du monde" ont enfin été "domestiqués", leur mode de vie est finalement passé de mode, le "temps des Tsiganes" appartient au passé. En vérité, les Tsiganes dans toute l'Europe ont remarquablement réussi à préserver un mode de vie distinct, tout en s'adaptant à leurs changements de condition.»

Michael Stewart

Les érudits, langue et origine

Dès leur arrivée en Europe au XVe siècle, les Tsiganes ont surpris les érudits qui s'interrogent sur leurs origines véritables. La langue romani *est une langue néo-indienne proche du sanscrit. Parlée encore actuellement par la majorité des Tsiganes, elle est un moyen de communication inestimable pour un peuple sans territoire de référence.*

La première apparition des Tsiganes en Allemagne

L'une des plus anciennes mentions de l'existence des Tsiganes se trouve dans les chroniques saxonnes de l'Allemand Krants.

En l'an de grâce 1417 apparurent dans nos provinces maritimes, sur la mer germanique, des hommes basanés, laids, brûlés du soleil, aux vêtements sales, et infâmes en l'usage de toutes choses, surtout enclins au vol, particulièrement les femmes de ce peuple, car l'homme est nourri du vol des femmes. On les nomme vulgairement Tartares, en Italie *Ciani*. Ils honorent parmi eux un duc, des comtes, des soldats. Ceux qui se distinguent par le vêtement, élèvent des chiens de chasse en guise de noblesse, mais là où ils chassent, ils ne volent pas. Ils changent souvent de chevaux, mais la plus grande partie d'entre eux va à pied. Les femmes, en selle avec leurs petits sont transportées sur des juments. Ils ont demandé des lettres de créance au roi Sigismond et à quelques princes, afin qu'il leur fût permis de traverser les villes et provinces sains et saufs et indemnes. Ils subissent comme

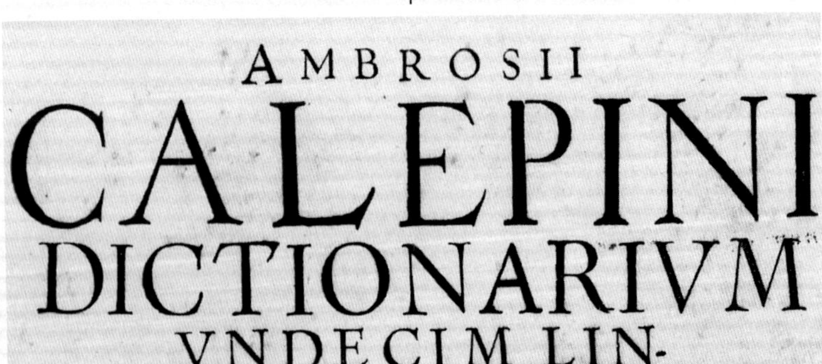
AMBROSII
CALEPINI
DICTIONARIVM
VNDECIM LIN-
GVARVM,

pénitence infligée de parcourir le monde en pèlerinage.
Mais on raconte que ce genre d'hommes, obligés par l'usage de naître en voyage, voués à l'oisiveté, ne reconnaît aucune patrie… Ils vivent comme des chiens, sans souci d'aucune religion… Ils acceptent indifféremment dans toutes les provinces les hommes et les femmes qui le veulent bien et qui s'unissent à leur bande. La saleté des hommes est surprenante. Ils sont savants en toutes langues. Ils convoitent les biens des paysans quand ceux-ci travaillent au dehors dans les champs et ils dépouillent leurs chaumières.

Albrecht Krants,
Saxonia, livre XI,
Cologne, 1530,
Traduction Frédéric Max

Ni Bohémiens, ni Egyptiens

André Thevet, théologien et cosmographe, résume l'opinion de son temps.

Ceux qui vont vagabonds par le monde, tantôt sous le nom d'Egyptiens, et quelquefois de Bohémiens ne sont ni de l'un pays ni de l'autre. Egyptiens ne sont-ils point, car je n'en ai jamais vu en Egypte, quoique j'y aie demeuré bien longtemps : ainsi si l'on voyait de tels habits en ce pays-là, ni par toute la Turquie, on y courrait comme à un spectacle de chose monstrueuse nouvelle. Quant à ces Bohémiens, la langue ni la couleur n'y correspondent. Ainsi ce sont des imposteurs, fainéans, sorciers et voleurs, qui sous ombre de voyager, pillent où ils passent, étant la plupart natifs des provinces de France.

André Thevet,
La Cosmographie universelle,
tome II, Paris, 1575

Des Bohémiens sont venus de l'Hindoustan

En 1783 dans sa version allemande Grellmann évoque, pour la première fois, l'origine indienne des Tsiganes.

C'est avec raison qu'on a dit qu'un des moyens les plus infaillibles de connaître l'origine des Bohémiens serait de découvrir le pays où leur langue était parlée généralement. Notre première et plus indispensable recherche doit donc avoir pour but de trouver la partie du globe où le langage des Bohémiens est celui des indigènes ; et ce pays ne peut être que l'Hindoustan.

H.M.G. Grellmann,
Histoire des Bohémiens,
ou Tableau des mœurs, usages
et coutumes de ce peuple nomade,
traduit de l'allemand,
Paris, Joseph Chaumerot, 1810

La chronique de Firdoussi

Cette chronique épique des rois de Perse écrite en 1010 a servi de référence sur le départ des Tsiganes de l'Inde.

Le poète Firdawsi raconte que le roi persan Bahrâm Djour vers la fin de son règne (420-438 de notre ère), comme les Mobeds s'étaient plaints à lui que les pauvres n'eussent point de musique, pria le roi de l'Inde de l'aider à y pourvoir. «O roi secourable ! écrivit-il, choisis dix mille Louris, hommes et femmes, experts à jouer du luth.»

Lorsque les Louris arrivèrent, le roi ordonna de les admettre auprès de lui, il donna à chacun un bœuf et un âne, car il voulut faire d'eux des agriculteurs ; il leur fit livrer par ses percepteurs mille charges d'âne de blé, car ils devaient cultiver la terre avec leurs bœufs et leurs ânes, employer le blé pour les semences et produire des récoltes, faire de la musique pour les pauvres et leur rendre gratuitement ce service. Les Louris partirent, mangèrent les bœufs et le blé, puis ils se présentèrent au bout d'un an, les joues jaunies. Le roi leur dit : «Vous n'auriez pas dû dissiper les semences, le blé en herbe et la récolte. Maintenant vos ânes vous restent, chargez-les de vos bagages, préparez vos instruments de musique et mettez-y des cordes de soie». Encore aujourd'hui les Louris, selon ces paroles justes du roi, errent dans le monde, cherchant leur vie, compagnons de gîte et de route des chiens et des loups et toujours sur les chemins pour voler jour et nuit.

M. J. de Goeje,
Mémoire sur les migrations des Tsiganes à travers l'Asie,
Leide, E. J. Brill, 1903

Un évangéliste découvre les Tsiganes

George Borrow est une figure essentielle de la tsiganologie anglaise. Il traduisit la Bible en kalo *(dialecte espagnol) pour évangéliser les Gitans.*

Sous un de ces vieux arbres, j'aperçus une espèce de tente d'où s'échappait une fumée légère et, à quelques pas, deux petits chariots dont les chevaux, attachés seulement par un lien de crins, paissaient tranquillement l'herbe. J'eus la curiosité de jeter un coup d'œil dans cette tente et je surpris une femme occupée à remuer je ne sais quelle pâte dans un chaudron suspendu sur le feu, tandis qu'à côté d'elle un homme tissait des brins de paille.

La femme, forte créature de trente à quarante ans, avait la tête découverte, des cheveux flottants plus semblables à une crinière qu'à une chevelure humaine, une peau sombre et tachetée comme celle d'un crapaud, les bras nus, la gorge emprisonnée dans un simple jupon à corset. Sa physionomie n'exprimait aucune bienveillance. L'homme paraissait un peu plus jeune, mais non moins farouche, et, quoique son teint fût plus clair que celui de sa compagne, je ne le trouvais guère plus avenant, grâce à une bouche de travers, à un œil louche et à une cicatrice sur la joue qui figurait l'empreinte d'une pièce de monnaie. Son costume était en harmonie avec son air étrange; je fus surtout frappé de son chapeau pointu orné d'une plume de paon, de sa jaquette en peau de bête et de ses culottes courtes qui avaient dû appartenir primitivement à un soldat. Cet homme, armé d'une longue cuiller, m'en menaçait comme d'un sabre.

George Borrow,
in *Revue britannique*,
sous la direction d'Amédée Pichot,
tome II, Paris, 1851

La langue *romani*

La langue romani *n'a pas d'écriture. Le linguiste Marcel Cortiade procède actuellement avec Donald Kenrick à sa standardisation écrite.*

Certes, ce n'est pas la totalité des Tsiganes qui parlent *romani*, mais tous se reconnaissent de près ou de loin dans cette langue; en effet, même les groupes linguistiquement déculturés soit parlent encore un idiome dérivé du *romani*, soit ont le souvenir d'ancêtres qui maniaient cette langue. *Mutatis mutandis* on peut dire que le *romani* joue un rôle symbolique comparable à celui du territoire pour une autre nation ou de la confession religieuse pour les Juifs ; de très nombreuses nations en effet ont des nationaux vivant depuis des générations à l'étranger mais qui se reconnaissent dans un espace qu'ils n'ont souvent jamais vu ; de même bien des Juifs ne sont pas juifs mais voient dans le judaïsme un lieu identitaire les rassemblant.

La langue *romani* a pendant des siècles servi à la reproduction de l'identité des divers groupes rom dans des contextes socio-culturels très variés.

Marcel Cortiade,
in *Ethnies*, n° 15, 1993

La classification actuelle

Georges Calvet assure, à l'Ecole des langues orientales, le cours de tsigane dans la section des langues indiennes.

Nous pouvons distinguer aujourd'hui les grands groupes dialectaux suivants :

Les dialectes balkaniques sont parlés en Turquie, Grèce, Bulgarie, Macédoine, Albanie, Moldavie, également par quelques minorités en Crimée et en Italie du Sud. Ces dialectes sont assez conservateurs, la plupart des Tsiganes qui les parlent sont musulmans et leurs dialectes ont subi l'influence du turc.

Dialectes *vlax*. Le mot *vlax* signifie «valaque». On nomme ainsi tous les dialectes qui ont subi une forte influence de la langue roumaine. Ces dialectes sont parlés dans la Roumanie entière, mais d'importantes migrations les ont répandus dans presque toutes les parties du monde, sauf l'Extrême-Orient et l'Asie du Sud-Est.

Dialectes karpathiques. Ils sont parlés en Hongrie, en Slovaquie, dans la Pologne du Sud, en Ruthénie, surtout par des Tsiganes sédentaires. [...]

Dialectes *sinto*. Ils comportent un ensemble de dialectes qui ont reçu l'empreinte de la langue allemande. Ces dialectes sont essentiellement parlés dans les pays de langue germanique, mais sont également largement répandus en France et en Italie, et également en Amérique. [...]

Dialectes des îles Britanniques. Ils sont plus connus sous le nom d'anglo-*romani*. [...] La grammaire n'est plus celle du tsigane mais celle de l'anglais, le vocabulaire restant en grande partie d'origine tsigane. [...]

Dialectes *calo*. Il s'agit ici encore d'un groupe de dialectes réduits à l'état argotique. Ils sont utilisés dans la Péninsule ibérique, en France et en Afrique du Nord, et par quelques minorités en Amérique du Sud. [...]

Cette classification demeure, bien sûr, schématique. Il n'en reste pas moins vrai qu'il s'agit des dialectes d'une seule et même langue.

Georges Calvet,
La Langue tsigane
in *les populations tsiganes en France*,
Centre de recherches tsiganes,
Université Paris-V, 1981

La culture familiale

La famille compte avant tout. Lieu de réconfort dans un monde hostile, c'est aussi le fondement d'un système d'identité et de relations complexes entre soi et le monde des Gadgé. *La famille comprend l'ensemble des proches même s'ils sont dispersés dans le monde entier. Le mariage est une cérémonie essentielle qu'il soit ou non officialisé et la pression des familles sur le couple demeure très forte.*

Une famille tsigane, roulottes et myriades d'enfants, en 1909.

Le mariage, fondement de la famille

Mossa habite Perpignan. Elle appartient au groupe gitan catalan des Noyes. *Par ailleurs, chez les Manouches, on «enlève» la fiancée; le prix de la mariée est longuement négocié par les* Rom.

Le reste de l'année est parsemé de ces grandes fêtes gitanes que sont les mariages. Ce sont des occasions de rencontre, plus limitées et néanmoins très importantes, car elles réunissent non seulement la famille, au sens très large, mais aussi la population gitane des environs et, d'une façon générale, tous ceux qui souhaitent s'associer au bonheur des jeunes époux. En effet, aucune invitation officielle n'est envoyée, mais ceux qui se sentent concernés se doivent d'être là. Autant dire qu'un mariage gitan coûte très cher – six ou sept millions de centimes en moyenne – et que des rassemblements de cinq à six cents personnes ne sont pas rares. Les cérémonies religieuse et civile ne sont pas obligatoires, ce qui compte c'est le rite gitan au cours duquel la virginité de la jeune épousée est contrôlée par une vieille femme et démontrée au public à l'aide d'un mouchoir taché trois fois – de trois roses – ou cinq fois – de cinq étoiles –, suivant les groupes et les régions. Ce mouchoir – *pañuelo*, *mocador* ou *dikló* selon la langue utilisée par la communauté en question – est exhibé au cours de la fête et c'est à ce moment-là que sont interprétés les chants traditionnels des noces gitanes – *alboreás* ou *yeli yeli* – et que les mariés sont portés en triomphe par des membres de leur famille [...].

Il faut signaler aussi que dans nos régions la mariée porte toujours deux robes au cours de la journée. D'abord la robe blanche assortie de la couronne, symbole de virginité, puis, au cours du bal qui suit la présentation du mouchoir, une extraordinaire robe du soir en strass, perles et paillettes, qui lui donne parfois l'allure d'une danseuse orientale très dénudée, ce qui peut paraître paradoxal quand on pense que la femme gitane, une fois mariée, n'aura guère la possibilité de s'exhiber en maillot sur les plages et que certaines tenues – comme le pantalon ou la minijupe – lui sont généralement interdites. Ce paradoxe ne fait que souligner le caractère exceptionnel de la fête qui se manifeste dans d'autres scènes tout aussi insolites. Il faut voir à Perpignan ces Gitanes qui dansent la *rumba flamenca* avec leurs robes blanches et leurs voiles de mariées devant l'autel dans la cathédrale Saint Jean.

Mossa, la Gitane,
textes présentés par Bernard Leblon,
in *Etudes tsiganes,*
L'Harmattan, Paris, 1992

La belle-mère

Le sort de la femme mariée, c'est avoir un enfant tout de suite; c'est dépendre d'une belle-mère qui n'est pas toujours commode; c'est presque toujours être trompée, on va le voir plus loin, et c'est aussi, trop souvent, hélas!, être maltraitée par son mari.

Je vous ai dit que, quand on se mariait, nos maris voulaient des enfants tout de suite. Eh bien, ça, en même temps c'est pour qu'on se sente esclave. Ils savent bien qu'avec des enfants on ne peut pas partir; on se sent plus accrochée à l'homme, aussi! Nous aussi, les Gitanes, on préfère avoir des enfants tout de suite. On ne prend pas la pilule; les hommes ne veulent pas! D'ailleurs, autrefois ça n'existait pas et les femmes avaient douze ou treize gosses… jusqu'à quinze gosses, même! Et il y avait beaucoup de misère. Aujourd'hui, quand même, on vit mieux.

Je vous ai dit, aussi, qu'après le mariage, souvent on allait vivre avec la belle-mère. Et il y a des belles-mères qui sont méchantes, vous savez! Celles qui vivent comme dans l'ancien temps! Parfois, la belle-fille vient se plaindre à sa belle-mère. Elle lui dit : «Votre fils a une maîtresse; il faudrait que vous arrangiez ça!» Eh bien, la belle-mère répond souvent que ce n'est pas vrai, que sa belle-fille est une menteuse. Elle lui dit de tout. De toutes façons, elle lui dit qu'il faut qu'elle garde son mari et que si elle n'est pas contente, elle n'a qu'à se prendre un *Payo*, un Français… et elle se fâche. Mais la Gitane, elle a horreur de ça; elle ne veut pas d'un Français! Oui, il y a des belles-mères qui sont mauvaises, celles de l'ancien temps!

Mossa, la Gitane,
textes présentés par Bernard Leblon,
op. cit.

Un accouchement rapide

Cette Rom *slovaque, sédentaire, s'est mariée à quatorze ans, et eut quinze enfants. La scène se passe dans les années 1930.*

Un jour, nous étions en train d'arracher les pommes de terre chez un comte et mon heure est arrivée. Alors, j'ai accouché. J'ai ramassé une pierre bien pointue et avec cette pierre, j'ai coupé le cordon ombilical. Je l'ai noué et voilà! Dans un broc, il y avait de l'eau. J'ai lavé le bébé à l'eau chaude parce que le soleil brillait et l'eau dans le broc s'était réchauffée. Jadis, il y avait de vraies chaleurs; pas comme aujourd'hui. Alors, je l'ai bien lavé, emballé dans la jupe et

moi, je ne suis même pas rentrée à la maison. Je suis restée dans le champ jusqu'au soir en continuant à ramasser les pommes de terre et à piocher.

H. Sebkova, E. Zlanayova,
M. Hubschmannova,
Fragments Tsiganes,
Paris, Lierre et Coudrier Editeur, 1991

Le baptême, le parrain et la marraine

Le baptême est toujours pratiqué car il permet de donner à l'enfant son romano-lap, *son nom tsigane, véritable passeport intérieur.*

Mais pourquoi le baptême des enfants? Chez certains apparaît un motif superstitieux : le baptême assure la santé. Un enfant qui pleure «demande son baptême» et se calmera dès qu'il l'aura obtenu. Mais en général la conception tsigane du baptême est saine et belle. On désire que l'enfant soit mis entre les mains de Dieu, on sait qu'il accède par le sacrement à une dignité et à une grandeur dont l'homme ne peut se passer. L'enfant aura désormais un parrain et une marraine (*Kirvo* et *Kirvi*) qui l'entoureront de respect et d'affection et contracteront avec la famille naturelle des liens rigoureux et exigeants.

André Barthélémy,
Tsiganes, *nomades mystérieux*,
Lausanne, 1973

Les âmes des morts

Les Rom *entrent en communication par les rêves avec «ceux qui sont proches du cœur». Le* cacipen *est la manifestation de la vérité des rêves et il oriente l'existence.*

A vrai dire, ce n'était pas la première fois que je rencontrais un *mulo*. La première fois, c'était mon père qui était venu me voir. Il était déjà en terre depuis presque six mois. Il était mort. Nous habitions à cette époque-là dans des baraques en bois et moi, j'étais justement enceinte. Tout d'abord, mon père m'a recommandé de ne pas accoucher en Bohême mais de me rendre en Slovaquie, là où j'étais née. Et il m'a conseillé d'y aller tout de suite, dès le lendemain matin. Alors, je me suis réveillée. Je l'ai regardé : en partant, il m'a fait un signe de la main. Il me saluait comme cela.

Le matin, quand je me suis levée, j'ai dit à ma mère : «Maman, je pars pour la Slovaquie.» Elle me croyait atteinte de folie : «Pourquoi, me dit-elle, puisque tu attends d'une minute à l'autre ? Tu veux accoucher à la gare ?» Moi, je lui dis : «Non, je ne veux pas mais je suis obligée de partir parce que mon père m'a dit d'aller en Slovaquie.»

H. Sebkova et autres,
Fragments Tsiganes, *op. cit.*

L'oubli des défunts chez les Manouches

A l'inverse, chez les Manouches d'Auvergne on ne doit pas penser aux morts.

Décrire les attitudes des vivants à l'égard de la mémoire d'un mort (l'évocation de sa figure, des événements et des actes qui ont marqué sa vie) nous conduit à opérer deux distinctions [...].

La première distinction est tout simplement d'ordre temporel (et ce n'est pas vraiment une distinction parce que nous sommes dans un *continuum*), elle est celle entre période proche de la mort (*bari trava*, «le grand deuil») et période éloignée de la mort – je reviendrai sur le vague de ces termes. La seconde s'opère entre les vivants : ceux qui sont les proches du défunt et les autres – et là aussi le terme «distinction» n'est guère approprié, car les limites ne sont pas posées de manière absolue.

Qui sont les proches ? Les parents consanguins, d'abord, selon une évaluation des degrés qui n'est pas différente de celle qui a cours dans la population française. Les enfants, les frères et sœurs, le conjoint, les cousins, en fait tous ceux qui, dans le groupe, trouvent un lien de parenté et qui, ayant partagé la familiarité du défunt, décident de se considérer comme proches. Selon alors que l'on se considère comme «proche» ou pas, les attitudes en ce qui concerne l'évocation du défunt changeront d'une période à une autre.

Dans les mois (mais ça peut-être des années – plus on est «proche», plus ça dure longtemps) qui suivent le décès, les «proches» cessent de prononcer le nom du défunt et n'évoquent pas son souvenir, «nos défunts, on n'en parle pas». Les normes qui sont énoncées comme universelles sont toujours celles qui concernent les «proches» et la période du «grand deuil». Mais au-delà du cercle des proches, au contraire, c'est une période où l'on parle abondamment du mort. En répandant la nouvelle de son décès, chacun rappelle les événements vécus avec lui et son nom est prononcé à foison, même si c'est à chaque fois accompagné d'une formule dite «de respect», *u kuc Kalo*, «le défunt Kalo».

Patrick Williams,
Nous on n'en parle pas. Les vivants et les morts chez les Manouches,
Editions M. S. H., Paris, 1993

Poésies tsiganes typiques

Terre des bois noirs, ô ma terre,
tu es la mère de tous et la mienne
mère riche et belle
mon cœur noir se meurt
à tes chants.

Ma fillette tsigane,
allume un feu pour moi,
ni petit, ni grand,
je caresse ton âme.

Poésie tsigane,
in *Avant-Quart* n° 12, 1974

Une société décalée

Qu'ils soient Rom, Sinté, *Manouches ou Gitans, les Tsiganes ont une vision du monde volontairement à l'écart de la société ambiante. Elle est fondée sur un code moral intérieur, et sur la conception du temps, héritière de la vie nomade, même si certains sont sédentarisés depuis fort longtemps.*

Etre tsigane

Katarina Taïkon est une Tsigane suédoise. Ses ouvrages pour enfants décrivent l'univers mental de la petite Katitzi.

Le père enseigna Katitzi, sa fille, porte-parole de Katarina Taïkon.

«C'est un nom que les autres (les *Gaze*) nous ont donné. Nous nous appelons *rom,* ça veut dire homme.» Tel est le premier enseignement de «papa Taïkon» à Katitzi en lui faisant découvrir le campement où ils sont installés. «Notre langue, c'est le *romani.* Les Tsiganes du monde entier le parlent.»

Papa Taïkon n'a d'ailleurs pas de nationalité : il est «apatride». L'univers des Rom est donc le monde dans sa totalité. Dans aucun des livres, Katitzi ne

nous parle d'autres Tsiganes qui pourraient ne pas s'appeler Rom comme les Manus ou les Zitan par exemple, ou d'autres familles ou groupes qui mèneraient la vie du Voyage. D'ailleurs, le mot *rom* n'apparaîtra qu'à cette occasion.

Philippe de Marne;
A propos de K. Taïkon, Katitzi la Tsigane,
Paris, Hachette, 1984

Les notions de pureté et impureté

Le code moral intérieur aux familles est sans aucun doute d'origine indienne.

L'essentiel du droit interne spécifique au groupe de «Tsiganes Polonais de la plaine» (*Polska Roma*) est constitué par un code non écrit d'interdictions dont la non-observance entraîne une souillure d'interdit ou *Mageripen*. [...] Toutes les infractions au code *Mageripen* sont soumises à la décision du *Sero-Rom* (chef tsigane) appelé aussi *Baro-Sero* (grand chef) juge suprême des Tsiganes polonais de la plaine. La fonction existe depuis des centaines d'années : les vieux tsiganes n'en conservent que des souvenirs fragmentaires et sans grande signification. [...] Le fait que les Tsiganes vivent de plus en plus de façon sédentaire, crée des difficultés importantes pour le respect de certains tabous : par exemple traditionnellement le Tsigane ne peut accepter que la femme vive au-dessus de lui, sinon il est de ce fait même souillé. Aussi bon nombre des Tsiganes polonais de la plaine ont-ils refusé des logements préparés pour eux dans des immeubles à plusieurs étages, sauf s'ils vivaient à l'étage le plus haut ! [...] Il en est de même pour les provisions alimentaires : elles ne peuvent être conservées dans les caves des maisons habitées par des femmes tsiganes car ces provisions deviendraient «impropres à la consommation». On constate donc toujours dans les logements tsiganes que les vivres sont entreposées soit dans la pièce commune, soit dans la cuisine soit encore sur un balcon ou dans une cave construite dans le jardin.

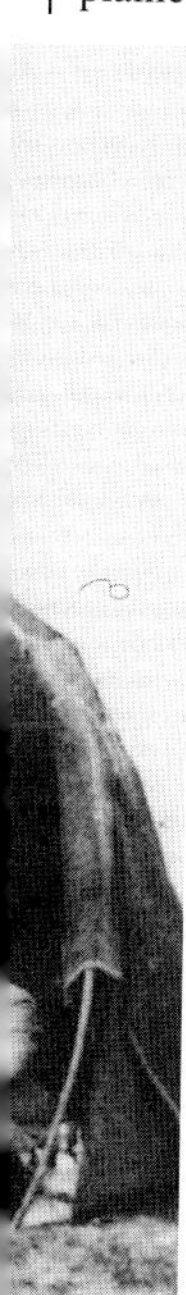

Jerzy Ficowski,
L'Autorité du Séro-Rom,
in *Etudes tsiganes*, 1981

Le code moral : la *kriss*

Le tribunal informel constitué par les Anciens règle à l'amiable les conflits de toutes sortes entre Tsiganes uniquement.

La *kriss*, c'est, chez certains groupes tsiganes mais pas tous, la grande palabre un peu solennelle, généralement présidée par un arbitre et destinée à régler les conflits inévitables à l'intérieur de leur société. C'est, en dehors de la famille naturelle, la seule structure qui puisse être considérée comme une institution traditionnelle. On y règle les questions d'honneur ou d'argent, les contentieux nés des enlèvements, des adultères, des bagarres, chaque fois qu'un Rom est en conflit grave avec un autre. Toutes les *kriss* auxquelles j'ai assisté se sont terminées par un règlement en espèces et le plus souvent en pièces d'or.

André Barthélémy,
Route de Gitanie,
Le Centurion, Paris, 1983

Le «campement de Bohémiens», dans l'imagerie du XIXe siècle, revêt déjà l'aspect misérable et sombre des franges urbaines.

Les vicissitudes de la vie nomade

Giuseppe Levakovich est un Rom *d'Italie. Sa vie s'étend de la fin de la Première Guerre à nos jours.*

Les Rom vivaient alors sous des tentes de toile ou de jute qui n'étaient pas imperméables comme celles d'aujourd'hui. Par temps de pluie, le brouillard s'insinuait sous la tente, imprégnant tout d'humidité. On protégeait alors la tente au moyen de feuillages et de branches. Le sol était recouvert d'une épaisse couche de paille ou de foin ramassés dans les parages par hommes et femmes. La dimension de la tente variait selon l'importance de la famille. Les plus petites mesuraient trois mètres sur quatre. Jusqu'à treize ans, les enfants logeaient avec leurs parents. Passé cet âge, le père leur installait une tente à part.

Mon père transportait la tente sur son dos, ma mère se chargeait des ustensiles de cuisine. En raison de mon jeune âge, on ne me demandait que de veiller sur notre chien de garde, car la région était infestée de loups.

Mon père ou ma mère, selon les circonstances, dressait la tente, avec l'aide des enfants. On faisait un feu avec du bois ramassé aux alentours et on préparait le repas. […]

Parfois, mon père découvrait la tanière d'un hérisson ou attrapait un lièvre au collet. C'était une vraie fête car la chair du hérisson était très appréciée On le faisait cuire avec du riz. Le lièvre se mangeait en pâté. Mon père invitait alors ses amis Rom et Gaje et nous mangions tous, assis par terre autour du feu. Parfois l'un d'eux apportait un harmonica ou une guitare, et l'on chantait en langue romane ou *gajikane*. On se séparait à l'aube.

Giuseppe Levakovich
et Giorgio Ausenda,
Tzigani, vie d'un Bohémien,
Hachette, Paris, 1977

La tournée quotidienne des femmes

Pendant ce temps, ma mère et ma sœur allaient *manghèl.* Elles ne demandaient pas d'argent, car il n'y en avait nulle part. Elles allaient voir les paysans qu'elles connaissaient et qui leur donnaient ce qu'ils pouvaient : pommes de terre, haricots, choucroute, navets, un morceau de lard. Ces cadeaux qui représentaient peu de chose pour les paysans leur donnaient néanmoins l'impression de faire le bien à des gens encore plus pauvres qu'eux. Ils croyaient sans doute commettre un péché en refusant la charité à des Rom. Jamais ma mère et ma sœur ne furent mal reçues. Il y avait une dizaine de petits villages et hameaux dans les environs de la scierie. Tous les deux ou trois jours les femmes faisaient sept à huit kilomètres pour se rendre dans un village différent.

Ibidem

La «jeune Bohémienne», un sujet de prédilection, en Europe, pour les peintres orientalistes du siècle dernier.

Le territoire et la tribu

Le nomadisme n'est pas l'errance. Le territoire de circulation des Kumpania *(tribus nomades) est délimité.*

Tout le monde devait respecter les mêmes lois, à quelque tribu qu'on appartînt. La preuve en est que le territoire (le *piripé*) d'une *dolmouta* était interdit d'accès aux autres dolmoutas. [...]

Les nomades des dolmoutas se partageaient les régions qu'ils traversaient. Sur quelles bases ? On ne le sait pas encore aujourd'hui. Ce n'était sûrement pas arbitraire, car il n'y eut jamais de contestations à ce sujet. Même les plus vieux tsiganes ne connaissaient pas d'exemple qu'une tribu forte se soit emparée du territoire d'une plus faible, fût-elle composée d'une seule charrette. Pourtant, dans une période récente, les Tsiganes eux-mêmes se sont laissé gagner par l'appât du gain.

Mon père disait que le piripé devait être respecté de tous : la moindre infraction se heurtait à la riposte commune de toutes les autres dolmoutas. C'est que ces territoires leur servaient de «terrains de chasse» – au bon ou au mauvais sens du terme – qui assuraient les conditions de la vie nomade. Tout cela me semblait assez compliqué et je confondais la cause avec l'effet. Le nomade avait besoin de gagner son pain et aussi de remplacer ses outils et objets usés. Si l'errance était sa raison d'être, alors les piripés, en tant que terrains de chasse, n'avaient qu'une importance secondaire. Si au contraire le nomadisme n'était pas un besoin instinctif mais un moyen d'écumer la contrée, pourquoi ne convoitaient-ils pas les territoires des autres ? Quand je soulevais la question, mon père se contentait de me toiser sans répondre. Je me vengeais en refusant de mener ses chevaux au pré.

Menyhért Lakatos,
Couleur de fumée, une épopée tsigane,
Actes Sud, Arles, 1986

Les Tsiganes de Belgique

Pour limiter la concurrence sauvage, les aires économiques sont réparties selon le système nomade.

Nos Tsiganes sont avant tout des travailleurs indépendants, maîtres de leur temps et de leur force de travail, libres de leurs mouvements. […] Une telle liberté devant le travail restreint le nombre potentiel d'activités économiques. Le choix des occupations professionnelles dépend beaucoup du groupe d'appartenance au sein duquel jouent à la fois un phénomène d'émulation collective et des pressions sociales égalitaires. Ou bien, ils se sédentarisent en hiver et voyagent le plus clair de l'année, ou encore, ils habitent continuellement en caravane, stationnant un peu plus longuement en hiver que durant les autres saisons. Pour certains membres de ces familles, la reprise effective d'une vie totalement itinérante est une affaire récente qui contribue à la fois à la réaffirmation de leur identité nomade (notamment par la participation à une association de défense des Voyageurs) et à une santé économique bien meilleure que celle qu'ils connaissent à l'état de sédentarisés. Les ressources économiques proviennent surtout de la brocante et de la vente de soldes sur les marchés. Certaines activités sont saisonnières et s'exercent hors des régions de présence hivernale :

le ramonage de cheminée auprès d'une clientèle attitrée, la musique ambulante, la peinture de façades et de chaises de maisons. La ferraille constitue une activité d'appoint, le plus souvent réservée aux jeunes couples qui se lancent dans la vie.

Alain Reyniers,
Le Nomadisme des Tsiganes,
in Patrick Williams,
Tsiganes : identité, évolution,
Syros, Paris, 1989

La pauvreté

*André Barthélémy (*Yochka*) était l'aumonier national des Gitans de France, dont il parlait parfaitement la langue.*

Ce qui m'a frappé, ce qui m'a attiré dans ce monde si divers, c'est sa pauvreté. Beaucoup de Gitans n'acceptent pas d'être considérés comme pauvres. Il suffit pour s'en convaincre d'entendre leurs réactions quand un journal, une revue publie des photos de nomades dépenaillés. Ils se sentent blessés dans leur dignité. S'il a quelques objets de valeur : collier, bracelet, bague, pierre précieuse, le Gitan les arbore fièrement. Mieux vaut, dit-on, faire envie que pitié. Ostentation parfois naïve quand on connaît la précarité de son existence. S'il fait montre de ses richesses, on peut penser qu'il n'en a pas de cachées et finalement le compte positif n'est pas lourd. La belle caravane rutilante, même s'il l'agrémente de chromes ostentatoires comme j'en ai vu en Angleterre, ne signifie pas grand chose. Elle est très souvent acquise à crédit et ne vaudra plus rien quand elle sera enfin payée. Elle est l'habitation de toute une famille et sa surface dépasse rarement dix mètres carrés. Enfin, le terrain qu'elle occupe n'appartient pas à ses occupants et on le leur fait savoir assez souvent et sans ménagements excessifs. Si nous connaissons des Tsiganes vraiment riches, nous en rencontrons bien plus de pauvres et pas mal de misérables. […]

La pauvreté gitane, je l'ai vue à la Courneuve au nord de Paris. En quittant la ville, on changeait de continent comme après un vol en avion. De l'asphalte des rues on passait à une étendue de boue fétide, où des vieux pneus, des portes de bagnoles démolies, servaient de ponts sur les fondrières.

André Barthélémy,
Routes de Gitanie,
Le Centurion, Paris, 1982

Le logement de fortune de *Sinté*, à Munich en 1980, photographié par Milly Orthen.

Mythes et croyances

Il n'existe pas chez les Tsiganes de religion particulière. Ils ont adopté celles des pays traversés. La variété des confessions : catholique, protestante, évangéliste, musulmane, recouvre un sentiment mystique puissant qui s'extériorise dans les pèlerinages comme celui des Saintes-Maries en Camargue.

Les fêtes des Saintes-Maries

La participation des Gitans au pèlerinage date de 1850. Le succès en a été assuré par Frédéric Mistral et le courant occitan de la fin du siècle.

Les fêtes de mai commencent aux Saintes-Maries le 24 à quatre heures, et se terminent le 25 à la même heure.

Dès le milieu du mois, l'île de la Camargue prend tout à coup un aspect des plus étranges. Des pèlerins viennent de toutes les directions. […]

Déjà les Bohémiens qui manifestent depuis des temps reculés une dévotion spéciale à sainte Sara, leur patronne légendaire, sont venus. Ils campent ensemble, dans leur maison ambulante, le plus à l'écart de la masse des pèlerins.

Dès la première heure, des principaux carrefours de leurs voies entrecroisées qui enveloppent le monde, ils sont accourus aux Saintes-Maries, comme vers une de leurs patries privilégiées, pour élire en pleine ère de liberté leur

La fête des Saintes-Maries-de-la-Mer, en 1908.

La descente de la châsse, lors du pèlerinage des Saintes-Maries, en 1896.

roi ou leur reine.

Usant du droit très ancien qu'on leur a laissé d'occuper, sous le chœur de l'église, la crypte de sainte Sara, ils sont là accroupis au pied de son autel, têtes crépues, lèvres ardentes, maniant des chapelets, couvrant de leurs baisers la châsse de leur sainte préférée et suant à grosses gouttes au milieu des centaines de cierges qu'ils allument.

Jour et nuit, ils chantent des cantiques et marmonnent, en l'honneur de leur patronne, des prières que personne ne comprend, dans un langage qui n'a pas plus de nom que d'histoire. Grouillant dans un milieu mystérieux où l'on sent fleurir, malgré tout, je ne sais quel lis mystique, l'aspiration involontaire de l'abjection vers la pureté, de temps à autre ils poussent un rauque appel à sainte Sara.

Chanoine J.-M. Lamoureux,
Les Saintes-Maries-de-Provence, leur vie et leur culte,
Avignon, Aubanel, 1899

Je voudrais vous parler du pèlerinage gitan. C'est beau le pèlerinage des Saintes-Maries-de-la Mer ! C'est au mois de mai, le 24 et le 25, et il y a beaucoup de campings. Il y a mille caravanes, au moins, qui viennent environ quinze jours avant et, le 24 et le 25, c'est la fête des Saintes-Maries et de sainte Sara. Il y a des Gitans qui viennent parce qu'ils ont fait des promesses, des vœux, mais en même temps, c'est pour voir la famille et c'est parce que c'est la coutume gitane, aussi. Alors, ils font des grandes fêtes, ils chantent, ils dansent…

Mossa, la Gitane et son destin,
Textes présentés par Bernard Leblon,
op. cit.

L'univers des croyances tsiganes

Pendant longtemps, on crut que les Tsiganes n'avaient aucune religion ; ils ont, en réalité, l'esprit religieux ; mais ils s'adaptent assez facilement aux religions

Un groupe de Tsiganes au Vatican, sur la place Saint-Pierre.

des pays où ils séjournent. Déjà, au début du XIVe siècle, en Crète, ils pratiquaient le rite grec. Dans les pays d'islam, ils sont musulmans. Ailleurs ils sont chrétiens : orthodoxes, catholiques, protestants. Depuis quelques années, beaucoup d'entre eux se sont convertis à l'évangélisme. Chez les chrétiens, le prêtre est un personnage doué de dons extraordinaires, qui a le pouvoir de bénir aussi bien que de maudire.

François de Vaux de Foletier,
in *Mythes et Croyances du monde entier*,
Editions Lidis-Brépols, 1985

La légende de la crucifixion

Ambrose Smith alias Petulengro était un Tsigane anglais informateur de George Borrow. Cette légende perdure jusqu'à nos jours.

Je me souviens aussi ma mère nous racontant la vieille légende *romani* transmise depuis la Passion qui dit que nous autres Tsiganes nous sommes autorisés à voler une fois tous les sept ans. Ma mère disait que pendant que le cortège se reposait sur le chemin du calvaire, une vieille Tsigane se joignit à la foule et demanda ce qui se passait. On le lui dit, et lorsqu'elle vit l'air d'angoisse sur la figure du Sauveur elle eut pitié de lui et voulut éviter la crucifixion. «Si seulement je pouvais voler ces clous », pensa-t-elle. Elle en vola un et le jeta au loin. Mais à sa seconde tentative, elle fut prise par les soldats et rossée. La vieille *romani* demanda grâce en disant : «Je n'ai rien volé depuis sept ans !» Un des disciples qui se tenait là lui dit : «Eh bien, tu es bénie. Le Sauveur t'autorise à voler une fois tous les sept ans, maintenant et à jamais !» Ma mère avait l'habitude de nous dire comme *Chavis* que c'était la raison pour laquelle on n'avait utilisé que trois clous et pourquoi les pieds de Jésus étaient croisés.

Gypsy Petulengro,
A Romany Life,
Londres, 1935, traduction originale

Un miracle du curé d'Ars

Comme les miracles de Lourdes, ceux du curé d'Ars en Auvergne étaient célèbres.

Il y avait une fois deux voitures, des pauvres gens. Ils se sont trouvés un soir à Ars. Avant d'aller dormir une des deux femmes qui avait plein d'enfants a fait un peu de chicorée : elle n'avait plus qu'un sou. Elle a dit : «Demain matin j'irai chez le curé chiner quelque chose.» L'autre lui a dit : «J'irai avec toi.» Mais elle avait, cachés dans sa grande poche, vingt francs. Elles arrivent devant la porte, elles frappent, le *ratchail* [prêtre catholique] arrive. Elles lui demandent. Alors il donne à la première vingt francs et à l'autre un sou seulement. Celle-ci lui dit : «Mon bon curé, avec un sou, on ne peut rien acheter!» Il lui répond : «Tu as déjà vingt francs dans ta poche. Avec le sou que je t'ai donné ça vous fait chacune pareil.» [...]

Le 4 août 1859, le bon saint curé d'Ars mourut. Une foule assista à son enterrement, dont beaucoup de voyageurs. Plus tard, ils continuèrent de venir prier ce bon curé et revoir ses souvenirs : ses grands souliers, son parapluie et son chapeau, sa poêle et la marmite où il faisait bouillir les pommes de terre qu'il distribuait aux pauvres, son presbytère et son église. Des années plus tard ils purent revoir son corps que l'on mit dans la basilique collée à sa petite église : on l'avait retrouvé intact dans son cercueil.

Abbé Joseph Valet,
Les Voyageurs d'Auvergne,
Chez l'auteur, Clermont-Ferrand, 1990

Le pentecôtisme

Le messianisme évangéliste séduit une proportion de plus en plus grande des communautés tsiganes.

Le pentecôtisme est un mouvement religieux chrétien d'inspiration messianique. Il prêche le retour prochain du Christ sur la terre et invite à la conversion afin d'être sauvé lors de la parousie. Le fidèle règle sa vie sur la parole de Dieu telle qu'elle est révélée principalement dans le Nouveau Testament. Les cérémonies pentecôtistes, où l'intervention du Saint-Esprit est vivement sollicitée, sont marquées par une grande effervescence : chants, témoignages, prêches, prières... et par des événements extraordinaires : guérisons miraculeuses, manifestations de glossolalie...

Les premières conversions tsiganes eurent lieu en France au début des années 1950, parmi des familles manouches de l'ouest du pays. Le pasteur Le Cossec, auteur de ces baptêmes et alors membre des Assemblées de Dieu, fonda ensuite la Mission évangélique tsigane devenue adhérente de la Fédération protestante de France. Le mouvement a pris aujourd'hui une dimension internationale, il forme ses propres cadres et possède un domaine où il a installé une «école biblique». Le pentecôtisme a connu une progression spectaculaire parmi tous les groupes tsiganes d'Europe occidentale, en France et en Espagne notamment. Mais il existe également des communautés converties en Hongrie et en Roumanie, de même qu'aux Etats-Unis et en Amérique du Sud.

Les observateurs des Tsiganes ont proposé diverses explications de ce succès : choc en retour des massacres subis durant la Deuxième Guerre mondiale, désir de transformer la stigmatisation négative (le rejet) en stigmatisation positive (l'élection), besoin d'un référent culturel nouveau et unificateur pour un monde tsigane en crise, réponse à l'urbanisation, transition vers une intégration dans les sociétés non tsiganes ou résistance aux politiques d'assimilation que ces sociétés mettent en place, préparation à une revendication d'autonomie politique de caractère laïque, etc. Toutes ces propositions ne sont pas sans pertinence mais aucune ne suffit à elle seule à rendre compte de la fortune de ce message religieux parmi les Tsiganes.

Patrick Williams,
in *Ethnies*, n° 15,
L'Europe tsigane, 1993

Pour la musique

On parle de musique tsigane des Balkans, de jazz manouche, de flamenco… Les Tsiganes ont-ils une tradition artistique propre, ou se bornent-ils à adopter celles des peuples qui les accueillent? Dans tous les cas, l'exercice de la musique permet un idéal de fraternité au sein de la société tsigane et pénètre toutes les composantes musicales européennes.

La guitare, un dessin de Jean Cocteau.

La musique et la danse tsiganes appréciées pour la première fois à la fin du XVIIIe siècle

L'Italien Caronni dédie à l'archiduc Michel Esterhazy (à la cour des Habsbourg) ses observations sur les Valaques.

L'unique sensibilité que je leur aie trouvée est la musique pour les uns et la danse pour les autres. Il n'est pas de fête villageoise à laquelle ils n'accourent, qu'on les ait ou non appelés, comme il n'est pas d'auberge ou de cabaret où ils n'interviennent spontanément. De même aux repas importants et aux bals familiaux que l'on donne aux anniversaires, aux noces, etc., on les reçoit à bon marché. Je me souviens d'en avoir rencontré une caravane aux fêtes de la Cour à Presbourg le 12 décembre 1790, au couronnement de Léopold II, où les Tsiganes surent varier leur musique selon la danse dont ils l'entremêlaient; plus d'un Milanais invité avec moi peut en témoigner. Leur instrument favori est le violon touché par l'archet avec quoi ils exécutent avec précision n'importe quel air après avoir préludé en changeant de ton; c'est là que je découvris leur intelligence créatrice de mélodies. Je n'ai jamais entendu le violon traité avec une telle grâce. [...] Ils sont très demandés sur les marchés et les foires, invitant ceux qui le souhaitent à danser à leurs joyeux accents, à boire à la santé du souverain, à mettre de l'argent dans un plat, ce que les assistants sont obligés de faire.

Caronni,
Caronni in Dacia, 1812,
Traduction Frédéric Max

Moscou la nuit en 1884

Le quartier de l'Arbat était le lieu de plaisirs de Moscou au XIXe siècle.

Nous avons pris un petit salon particulier pour entendre chanter la bande. Les Bohémiennes sont venues, avec une douzaine d'hommes armés de guitares, se ranger devant la table où nous soupions.

Elles exécutent tour à tour des chansons russes, mélopées traînantes et mélancoliques comme les plaintes du vent dans les forêts de sapins, ou des chansons tziganes, folles d'entrain et toutes frémissantes d'ardeur passionnée, de fougue sauvage. Ces airs conservés dans leur tribu ont un rythme bizarre, un caractère étrange; ce sont des mélodies sans discipline, en dehors de toutes les règles et de toutes les conventions musicales. Elles ont bien l'excitation qu'il faut pour tirer le Russe de sa torpeur, pour le secouer, pour emporter son âme comme l'eau-de-vie emporte la bouche!

Et pour rendre l'impression plus profonde, pour doubler la sensation, les plus jeunes dansent et chantent! Il y en a d'abord une qui commence, puis deux, puis trois, qui se détachent au fur et à mesure du groupe, comme prises de vertige, entraînées dans le tourbillon. Elles ont de petits coups de hanche à elles, très lascifs, très troublants, et des sourires, et des œillades! Puis elles se couronnent de leurs bras, faisant saillir leur poitrine en des poses de statues toutes nues, la bouche entr'ouverte, soufflant le désir, appelant le baiser. Le chœur jette alors des exclamations courtes, des cris aigus, des clameurs et des piaulements barbares auxquels les arpèges des guitares mettent comme une sourdine. Et tout le corps de celles qui dansent semble secoué de commotions électriques, il se tord et se plie en des contorsions savantes, en des spasmes de frénétique amour. Un tremblement fébrile secoue la danseuse tout entière, elle piétine sur place, enfin sa tête se renverse pâmée, et elle pousse des cris rauques comme les appels d'une panthère en rut.

Les viveurs russes raffolent de ce spectacle qui les transporte au milieu des almées du paradis de Mahomet, et dans ces temples voluptueux de l'Asie où les bayadères, sœurs d'origine de ces Tziganes, dansent encore maintenant sans voile cette même danse du ventre, devant l'image morne d'un dieu hindou.

Victor Tissot,
La Russie et les Russes,
Paris, Dentu éditeur, 1884

Sons et rythmes tsiganes

La transmission instrumentale de l'Inde à l'Europe s'est étalée du Xe au XIXe siècle.

On retrouve aujourd'hui dans les gestes, dans la langue (la langue *romani*), dans certains rituels et coutumes, dans nombre d'éléments de la musique et de la danse des Tsiganes, des points communs avec ceux de la région du Rajasthan et des nomades indiens, Banjara, Lambada ou Sugali qui sont souvent forains, danseurs, musiciens. [...]

Ils ont au fur et à mesure adapté les instruments des pays qu'ils traversaient :

– Toute la famille des luths : *al'ud* (oud) dans les pays musulmans, tampura (Inde), *buzuki* (Grèce), *tar* et *setar* (ancêtre du sitar indien).

– Les instruments à cordes pincées, proches de notre psaltérion: *qanun* arabe, *santur* iranien, cymbalum hongrois.

– Les hautbois et flûtes (du mot persan *nay*, flûte de pan en Roumanie).

– Toutes les percussions métalliques : cymbalettes, etc.; les ustensiles quotidiens : cuillers, bidons; et toute la famille des tambours : grands, petits, avec ou sans grelots, etc.

– Un peu plus tard, le violon et la guitare sont devenus des «instruments tsiganes par excellence» du fait qu'ils sont très répandus en Europe, extrêmement faciles à transporter et à intégrer dans toute forme musicale.

De la même façon, leur musique, indienne à l'origine, a gardé cette base : une partie lente et expressive (proche du alap indien), puis une partie très rythmée, incitant à la danse (proche du tala indien), avec des structures rythmiques nombreuses et complexes. Il s'agit d'une musique dite modale, c'est-à-dire comportant des échelles de sons hiérarchisés, ainsi que des formules mélodiques et rythmiques associées à ces échelles. Elle s'est progressivement transformée et imprégnée de structures mélodiques et rythmiques iraniennes puis turques, grecques, etc., tout en gardant son caractère modal, commun à toutes ces musiques.

Ils arrivent en Europe avec une musique empreinte de beaucoup d'expressivité affective qui leur est spécifique, et qui suscite de violentes émotions, tant elle exprime leurs douleurs, leurs souffrances du rejet, de l'exclusion, mais aussi leurs joies, leur fierté, leur chaleur et leur foi intense dans la nature, qui partout les accueille contrairement aux hommes, dans leur destin de peuple à part, évoqué dans tous les mythes de création du Tsigane. Ainsi on ne trouve pas, comme dans le jazz des origines, trace de nostalgie pour un pays ou un continent précis, d'un arrachement, d'un exil de ce lieu d'origine ni la nostalgie du retour. [...]

Et cette musique aux consonances étranges, ils sauront la camoufler, voire la garder pour eux, le temps de se faire accepter. Leur première démarche semble à peu près toujours la même : intégrer le plus rapidement possible le répertoire populaire du pays dans lequel ils résident afin de pouvoir satisfaire les goûts du public auquel ils s'adressent. Puis ce répertoire qu'ils interprètent déjà à leur façon, ils le font peu a peu fusionner avec leurs propres formes musicales, et de ce processus naît une nouvelle forme que nous appelons «musique tsigane».

N'Dolo Massé,
in *L'Autre Face, l'autre monde*,
n°20, 2e trimestre 1991,
Lierre et Coudrier éditeur, Paris

La fraternité par le chant

Le mulatsago *est un chant collectif des Tsiganes* vlax *de Hongrie, marchands de chevaux.*

Les chants, qui doivent toujours être «réalistes», sont des lamentations sur la condition de vie tsigane, la pauvreté, la souffrance de l'emprisonnement, la douleur de la séparation d'avec sa mère, ou de la trahison de sa femme et, par-dessus tout, la fraternité au centre de la vie tsigane. Le style dans lequel ils sont interprétés est aussi important que le contenu des chants. Chaque chant est censé appartenir à quelqu'un et cet homme en choisit l'interprétation. Cependant sa voix se perd bientôt dans la masse des voix de tous les Tsiganes présents, fondues en une monodie virtuelle. Dans de tels instants, quand tous les Tsiganes chantent ensemble, agissent de concert, ils atteignent un idéal de conduite fraternelle ; cela les pousse à accepter les exigences égalitaires découlant de l'éthique de partage fraternel, une fois que, sortis du contexte du *mulatsago*, leurs relations sont à nouveau plus fractionnées. Par leurs chants, les hommes tsiganes «deviennent» réciproquement frères, affirment leur union face au monde dominant *gazo*, union contrastant avec leurs propres divisions internes en temps normal, et en opposition au monde des femmes tsiganes tenues à l'écart du *mulatsago*. Ici la situation est donc paradoxale : en excluant les femmes du rituel, les hommes donnent l'image d'une communauté prospère et viable.

Michael Stewart,
Un peuple sans patrie,
in *Terrain* n° 17, Paris, octobre 1991

Identité gitane et flamenco

Des origines à Manitas de Plata, le flamenco est identifié aux Gitans.

Dans la première moitié du XIXe siècle – un phénomène nouveau va faire son apparition au grand jour : c'est le flamenco. Cette musique très particulière, résultat d'une gestation secrète et de la fusion entre le répertoire andalou et les traditions musicales des Gitans, se manifeste d'abord dans une région très précise de la basse Andalousie, comprise entre Séville, Jerez, Cadix et un prolongement vers l'est dont les points extrêmes sont Moron et Ronda.

Ces données historiques étant connues, il ne restait plus qu'à déceler la trace concrète de l'apport des Gitans à la musique flamenca, leur signature, en quelque sorte. Cette marque indélébile existe : on peut suivre la transmission de rythmes vocaux particuliers [ou *alalies* (mots sans parole), depuis l'Inde – où l'on appelle *bol* les syllabes rythmiques du tala – jusqu'au *jaleo* des Gitans d'Andalousie, en passant par la technique utilisée par leurs cousins Rom d'Europe centrale, dans leur *kelimaski dili* (chant de danse), désignée par le nom hongrois de la basse (*bögö*). Mais c'est dans un autre type de musique des Rom, la *loki dili* (chanson lente), que les musicologues hongrois ont découvert certaines modalités particulières absolument inconnues dans les traditions musicales d'Europe centrale et, par conséquent, considérées comme propres aux Tsiganes. Il s'agit de l'addition de chevilles destinées à allonger les vers et, surtout, d'une pause très singulière, située sur l'avant-dernière syllabe du dernier vers de chaque quatrain chanté. Nous passons brutalement d'un chant populaire, de type syllabique, conçu pour la danse et caractéristique du folklore hispanique, à un chant long oriental, très mélismatique, prévu à l'origine pour le chant seul, brisé par des chevilles, des pauses et des silences et dans lequel l'éclatement du texte et sa rupture totale vis-à-vis de la mélodie sont particulièrement flagrants.

Le flamenco dans son ensemble, lorsqu'il sort enfin de la clandestinité et de l'intimité de quelques foyers gitans de la basse Andalousie, va être reconnu et adopté presque immédiatement par les Andalous, qui vont jouer un rôle déterminant dans son évolution ultérieure. C'est ainsi que certains chants

D'après un dessin de Blequer, une scène de «mœurs andalouses» *(sic)* : un bal de Bohémiens.

qui appartenaient au folklore andalou – les Sandangos en particulier – vont être adaptés aux modalités du flamenco (*aflamencados*), si bien que, plus tard, les Gitans vont les interpréter, à leur tour, dans le style qui leur est propre, refermant ainsi le cycle qu'ils avaient ouvert. Depuis lors, chacune des deux communautés n'a pas cessé d'influencer l'autre, ce qui n'empêche pas qu'aujourd'hui deux types d'interprétation restent parfaitement distincts, l'un andalou, plus «esthétique», plus musical, tourné vers la plastique vocale et la virtuosité – ce qui implique un registre médium ou aigu – et l'autre gitan, plus expressif, plus dramatique, fondé sur l'émotion et le pathétisme – qui s'accommode de voix graves, rauques, brisées et d'effets vocaux particuliers, cultivés par les Tsiganes en général.

Bernard Leblon,
in *Tsiganes : identité, évolution, op. cit.*

Le café chantant

Ce furent des créations de la deuxième moitié du XVIIIe et du XIXe siècle. Leur apparition à Séville, Jerez, Cadix et Malaga tient en partie à l'attrait que le flamenco exerçait sur les voyageurs étrangers; mais aussi à l'enracinement populaire d'un art pratiqué depuis toujours par les Gitans dans leurs fêtes de famille, et dans les beuveries d'auberges ou de gargotes andalouses. Le café chantant, établissement urbain, ouvert au public, connut un développement extraordinaire pendant la Restauration. D'Andalousie, il passa à Madrid, puis à Barcelone, et le flamenco y acquit un enracinement national.

Installés dans de vieilles maisons andalouses aux patios à colonnes, les cafés chantants étaient décorés avec simplicité. Sur les murs, à côté de quelques miroirs, on collait des affiches de courses de taureaux et on fixait de petites lampes anciennes. Les sièges étaient en bois et en sparte tressé.

L'important, c'était, au fond du patio, le *tablado* ou estrade destiné aux chanteurs et au corps de ballet. On installait aussi chaises et tables dans les galeries supérieures du patio. De là, comme d'une loge, on dominait à la fois le spectacle et la salle.

On passa de ces établissements primitifs au vrai café chantant à partir de 1870, quand le chanteur de flamenco Silverio Franconetti prit en mains le Café Botella. Silverio, qui n'était pas gitan, sortit le flamenco du bordel et de la taverne, et lui conféra valeur et dignité artistique. En 1881, dans une grande maison, «avec un énorme patio aux colonnes de marbre et aux larges arcades», au 4 de la rue du Rosaire, il ouvrit son nouveau café chantant, le Café ou Salon de Silverio, véritable temple du flamenco, que fréquentèrent les meilleurs des chanteurs, des danseurs et des instrumentistes.

Antonio Benet Correa,
Les Cafés littéraires en Espagne,
in *La Sociabilité à table*,
Actes du colloque de Rouen,
14-17 novembre 1990

Le jazz manouche

Le quintette à cordes et la pratique familiale de la musique sont fixés par Django Reinhardt .

Jean-Baptiste Reinhardt, dit Django Reinhardt, est né dans une roulotte à Liverchies près de Charleroi le 25 janvier 1910. Autodidacte complet, comme nombre de ses confrères américains de l'époque, il ne sut jamais lire la musique. Il commença à jouer dès l'âge de 13 ans de la guitare et du banjo dans les orchestres «musette». En 1928, un incendie de sa roulotte le prive de deux doigts de la main gauche et il s'invente une nouvelle technique lui permettant de jouer – et même en virtuose – malgré son infirmité.

C'est en 1931 qu'il découvre le jazz et c'est en 1934 qu'il rencontre Stéphane Grappelli avec qui, à l'instigation des dirigeants du Hot Club de France, il fonde le quintette du H.C.F. dont la notoriété n'a fait que s'accentuer avec les années.

Pendant la guerre, Grappelli étant à Londres, le quintette poursuit son activité, légèrement transformé : la clarinette de Hubert Rostaing a remplacé le violon. L'après-guerre surprend Django et il ne joue plus alors que par intermittence : sa tournée aux Etats-Unis avec Duke Ellington passe inaperçue et toutes les reconstitutions du quintette tournent court. Il meurt en 1953 d'une hémorragie cérébrale.

Django, c'est avant tout un lyrisme délicat qui doit sa douceur particulière à une nostalgie qui imprègne la moindre de ses notes. Personne n'a mieux exprimé la fragilité et la vulnérabilité de l'homme que Django Reinhardt. C'est un individu désarmé qui découvre avec un certain effroi le monde, un peu comme s'il venait de quitter un paradis. Il n'y a aucun désespoir chez Django mais bien plutôt une incurable mélancolie.

Musicalement, il fut le premier guitariste de jazz à avoir donné une dimension individuelle esthétique à son instrument. Sa sonorité, qu'il acquit dès le début de sa carrière, tenait à la fois de la guitare tsigane et d'un phrasé d'autant plus personnel qu'il ne devait rien à aucun de ses prédécesseurs. De plus, avec Grappelli, il réalisa un ensemble qui reste unique dans l'histoire du jazz. En ce sens, on peut affirmer qu'il fut l'un des précurseurs du «jazz de chambre» dont l'exemple le plus célèbre reste le Modern Jazz Quartet de John Lewis. Il faut croire que ce dernier en fut très conscient puisqu'il lui a rendu un admirable hommage justement intitulé *Django*. Et pour mieux situer Django, on ne peut mieux faire que citer son meilleur exégète, Michel-Claude Jalard : «On a dit, et à juste titre, que Django fut le plus grand jazzman français. Il l'est non seulement par l'ampleur de son talent, mais aussi parce qu'il demeure le seul à avoir épanoui un type d'expressivité qui ne renvoyât pas à celui des musiciens négro-américains. Il ne faut pas méconnaître, cependant, combien celle qu'il développe doit, à travers ses inflexions appuyées, ses effets techniques et la courbe mélancolique de ses mélodies, à son milieu ethnique: de sorte qu'avec Django, il est plus légitime encore de parler de jazz manouche que de jazz français.»

Jean Wagner,
Le Guide du jazz,
Syros/Télérama, Paris, 1986

L'héritage de Django

Django faisait figure de héros isolé face aux maîtres Gitans catalans de la swing-valse *comme les Ferret.*

Sans doute la vérité d'une œuvre est-elle toute entière contenue dans son jaillissement. La postérité ne fait que trier, choisir, gauchir… Il arrive alors qu'elle agisse comme un révélateur. Observer «l'héritage» – provisoire – de Django permet en effet de mieux apercevoir certains aspects ou certains enjeux de l'odyssée qu'il a menée au sein du jazz. Mais cela n'épuise pas sa création. Django Reinhardt excède sa postérité.

«Tous les musiciens de l'école tsigane de jazz se définissent par la réflexion sur la création de Django ou par rapport à l'un de ses moments», écrit Michel-Claude Jalard, l'«inventeur» de cette école. La «postérité de Django Reinhardt» se présente aussi comme un phénomène sociologique. Il est commode de distinguer les musiciens qui, dans la référence ou la révérence à Django, trouvent le moyen d'un épanouissement personnel et les musiciens qui ajoutent à cet épanouissement l'affirmation d'une appartenance ethnique. Les premiers vivent une aventure individuelle, voire solitaire; les seconds poursuivent ou inventent une proclamation collective.

Patrick Williams,
Django Reinhardt,
Editions du Limon, Montpellier, 1991

A Django

Django mort, c'est un de ces doux fauves qui meurent en cage. Il a vécu comme on rêve de vivre : en roulotte.

Et même lorsque ce n'était plus une roulotte, c'était encore une roulotte. Son âme était ambulante et sainte. Et ses rythmes lui étaient propres à l'exemple des rayures du tigre, de sa phosphorescence et de ses moustaches. Ils habitaient sa peau. Ils le rendaient royal et invisible aux chasseurs. Mais les chasseurs finissent toujours par abattre les doux fauves qui ne veulent de mal à personne.

Jean Cocteau,
in Charles Delaunay,
Django, mon frère,
Eric Losfeld, Paris, 1968

Django Reinhardt, au milieu des siens.

Chanson tsigane

Ma grand-mère chantait faux, mais c'était si beau! Elle était très sage. Elle avait quatre-vingt-neuf ans.

Elle disait : «Apprends bien mes chansons pour qu'il reste quelque chose dans ce monde après ma mort.»

«N'aie pas peur, mamie, je chanterai tes chansons toute ma vie!»

Ma grand-mère chantait, et moi après elle et j'ai compris quelque chose :

A qui sont ces trois enfants
Assis dehors dans le fossé
Ils n'ont ni père ni mère
Ni aucune famille
Le Dieu punit celui
Celui qu'il veut punir
Il m'a puni de même
Je ne sais pas pourquoi
Si tu n'es pas pauvre
Tu ne crois pas le pauvre
Moi qui suis pauvre
Je le crois bien

Nous étions trois petits enfants et maman nous a quittés. Mon père a pris son service militaire et donc… pas d'argent!

Hana Sebkova
et autres,
Fragments tsiganes, op. cit.

Victimes du nazisme

Les nazis avaient condamné les Tsiganes non seulement comme «asociaux» mais aussi comme une population hybride soumise à l'expertise de la biologie raciale. Les Tsiganes furent déportés dans toutes les sortes de camps allemands. Ils ont par ailleurs été internés dans des camps en France.

L'insoutenable : un enfant tsigane à Auschwitz.

La législation raciale allemande

Le manuel d'hygiène raciale du professeur von Verschuer fut traduit en 1943 en français et diffusé par l'Académie de médecine de Paris.

Quand le Pr von Verschuer a lancé, avec le Dr Mengele, le programme de recherche d'Auschwitz, il n'avait sans doute absolument pas réfléchi au fait qu'on allait y effectuer des expériences sur des hommes qui n'avaient plus aucun droit. On ne saura jamais dans quelle mesure le Dr Mengele lui racontait effectivement la réalité d'Auschwitz. Mais le Dr Mengele avait confié à la femme du Pr von Verschuer et à d'autres qu'Auschwitz était atroce. Cela n'a pas empêché le Pr von Verschuer de soutenir jusqu'en janvier 1945 la poursuite des expériences.

Benno Müller-Hill,
Science nazie, science de mort. La Ségrégation des Juifs, des Tsiganes et des malades mentaux de 1933 à 1945,
Odile Jacob, Paris, 1989

Matricule Z 1963, Birkenau

Barbara Richter habitait à Prague, elle fut livrée à la Gestapo par un traître Tsigane.

Le docteur Mengele m'a prise pour faire des expériences. Trois fois on m'a pris du sang pour les soldats. Je recevais alors un peu de lait et un petit morceau de pain avec du saucisson. Puis le docteur Mengele m'a innoculé la malaria. Pendant huit semaines, je suis restée entre la vie et la mort ; il m'était aussi venu une infection au visage. J'ai vu en rêve un prêtre, ou peut-être était-ce le Baro Devel lui-même, le Bon Dieu. Il est venu et il m'a dit :

– Tu ne mourras pas ; je te sauverai. Je m'en souviens parfaitement. Et c'est un don précieux qui m'a été fait : la certitude que je serais sauvée.

J'étais maigre, toute en os, on ne voyait plus mes yeux. Je n'étais qu'une plaie, à cause de la dysenterie. Mes cuisses étaient des plaies béantes, en raison du manque de soins. J'étais dans la baraque des mourants, avec un de mes oncles. C'est là que j'ai vu aussi la femme du traître Barono et ses deux filles, qui se sont sacrifiées pour me sauver. Les filles m'ont prises dans leurs bras et m'ont emmenée dans un autre Block. Ceux qui sont restés ont été livrés au crématoire peu de temps après. Parmi eux se trouvait mon oncle. Le femme de Barono m'a cachée dans son Block et a fait appeler le docteur ukrainien. Elle a risqué sa vie pour moi. Elle a réussi à mettre de côté deux pains blancs qui, au camp gitan, étaient réservés aux tout petits enfants. Avec cela, le docteur s'est procuré dans l'autre camp une piqûre qui était destinée aux chevaux. Il ne savait pas s'il devait me la faire. Et j'ai été guérie. La femme a fait alors bouillir, avec du papier, de l'eau et de l'ail, et j'ai bu le mélange.

in *Le Monde gitan*, n°29, 1974

Lubos Horváth, né en 1932

Ce témoignage recueilli en langue romani *montre la ségrégation entreprise dès la création de l'Etat slovaque en 1939.*

Nous habitions sur une pente raide : juste devant, il y avait notre maison, derrière, celle de ma tante – bref, tous des parents. Six cabanes. Nous, enfants, nous allions à l'école. Mais ne pense pas que nous étions assis à côté des enfants gadjé! Si les paysans avaient appris qu'un Tsigane était assis à côté de leur fils, ils seraient venus démolir notre colonie. Ils ne nous appelaient que «pharaons noirs, tsiganes puants». Nous, enfants roms, étions assis tout au fond, puis, il y avait un banc libre et devant étaient assis les enfants paysans. Une fois, je me suis installé à côté d'un garçon blanc parce que nous étions amis, mais lorsque son père l'a appris, il est venu à l'école disant : «Monsieur l'instituteur, qu'est-ce que mon fils a fait que vous l'avez fait asseoir à côté d'un Tsigane ? Voulez-vous que j'en tire des conséquences ?» Le maître était donc obligé, bon gré mal gré, de me faire asseoir au fond.

Milena Hübschmannová,
Les Rom slovaques sous la Seconde Guerre mondiale, témoignages,
BDIC de l'université de Nanterre

Un des premiers témoignages d'après-guerre

Le déporté français, Frédéric Max, ancien élève des Langues orientales, a pu dialoguer avec des Tsiganes de Buchenwald.

Transféré au camp de Compiègne le 11 septembre 1943, j'y trouvai trois Tsiganes, dont un enfant de treize ans, j'y restais plusieurs mois, et j'espérais étudier un dialecte différent, mais c'étaient des Weiss, cousins éloignés de Paulo. Du moins la mention de mes rapports avec ce dernier, accompagnée du don d'un peu de tabac, me fut-elle auprès d'eux une bonne introduction.

Nous fûmes déportés par le même convoi en décembre, mais tandis que les deux adultes firent partie presque immédiatement d'un convoi pour le camp de Dora, le petit *cavo* [enfant] de treize ans, Michel Weiss, échoua au block 31 de Buchenwald où je devais moi-même rester près de huit mois. Il y fut adopté par le chef de block et quelques Français qui recevaient des colis.

Son adresse de petit singe et son goût précoce pour les cigarettes faisaient l'amusement de tous, mais son humeur était curieusement susceptible. Un Français ayant dit un jour devant lui que les Tsiganes étaient dispersés sur toute la terre, le gamin devint blanc de colère ; il sortit un petit couteau et voulut se précipiter sur celui qui avait prononcé cette parole malencontreuse. On dut se mettre à plusieurs pour le retenir ; les yeux hors de la tête, il grondait : «Dispersés ! C'est à toi qu'on va disperser, attends, un homme il en retrouve toujours un autre sur la route !»

Le Sort des Tsiganes dans les prisons et les camps de concentration de l'Allemagne hitlérienne,
in *Journal of the Gypsy Lore Society*,
vol XV, 1946

Un chant d'Auschwitz

muj suko	Bouche sèche
jakha kale	yeux clos
vust sudre	lèvres cousues
achipen	silence
ilo chindo	cœur brisé
bi ogesqo	sans douleur
bi lavesqo	sans parole
nanaj ni roipen	sans aucune plainte

Santino Spinelli,
Gilí romaní (Canto Zingaro), 1988,
in *Lacio Drom*, Rome

Le camp de Montreuil-Bellay

Jacques Sigot a entrepris depuis une vingtaine d'années d'exhumer de l'oubli l'internement des Tsiganes en France pendant la guerre.

José Fernandez,
décembre 1943-janvier 1945.

Nous avons été arrêtés à Poitiers, en 1944, et internés, mon père et ma mère, mes deux sœurs, mon frère et moi, dans le camp de la route de Limoges, vaste ensemble composé de deux parties qui se touchaient : l'une enfermait trois mille nomades et l'autre un millier de juifs. Mais bientôt, il n'y eut, d'un côté comme de l'autre, que des femmes, des enfants et des vieillards. Les hommes disparaissaient par fournées ; à tel point, que je fus, un moment, le seul homme dans le camp, avec mes douze ans. Quand le Père Fleury voulait passer dans le camp des Juifs, je faisais le guet pour voir s'il n'arrivait pas de SS pendant qu'il franchissait les barbelés. Mon père est d'abord parti dans un train pour l'Allemagne, mais il réussit à rester à Compiègne, parce qu'il était bien vu. Il approvisionnait en paniers et corbeilles ces dames allemandes. Quand mon frère fut lui aussi embarqué dans un convoi, pour compléter un effectif, malgré son jeune âge, mon père parvint à l'intercepter à Compiègne et à le garder.

Léon Michelet, né le 23 janvier 1928,
fils d'Eugène Michelet, étameur,
et de Marie-Louise Reinard.

Toute ma famille – mes parents et mes dix frères et sœurs – a été arrêtée à Pontivy. Nous vivions dans une caravane montée sur un camion Renault et devions le lendemain même emménager dans une maison louée dès qu'avait été appris ce que devenaient les voyageurs non fixés. Mes parents ont eu beau expliquer aux gendarmes qu'ils attendaient juste que la femme libère cette maison, on nous intima l'ordre d'obéir. Nous nous sommes ainsi retrouvés avec sept à dix autres caravanes dans un lieu entouré d'une

Les bâtiments du camp de Jargeau, dans le Loiret, ont servi à enfermer les Tsiganes du département entre 1941 et 1945.

simple clôture que gardait un seul gendarme.

Ce fut ensuite Moisdon-la-Rivière, puis Châteaubriant. Dans ce camp, les blocs «voyageurs» étaient séparés de ceux des autres internés par des barbelés. En octobre 1941, nous avons assisté à l'arrestation des communistes. Le camion recula alors devant l'entrée de notre section et nous avons cru notre dernière heure arrivée, mais un officier allemand cria que c'était de l'autre côté.

Le 2 décembre 1941, des wagons à bestiaux nous conduisirent directement dans le camp de Montreuil-Bellay.

J'y ai été enfant de chœur et je chantais la messe avec l'abbé Boidron. Je restais souvent dans le bureau du directeur où j'aidais. Mon père travaillait pour les gendarmes et ma mère aux cuisines.

Un jour que je dormais la tête sur mon pantalon qui me servait d'oreiller, je me réveillai ensanglanté, le nez traversé par les dents d'un rat. Celui-ci m'avait mordu alors qu'il était en train de ronger le petit morceau de pain que j'avais gardé en réserve dans une poche pour le lendemain matin. Nous attrapions des rats pour les manger, mais aussi, avec une paille, des grillons que nous croquions aussitôt. Les responsables des cuisines jetaient du chlore sur les épluchures de pommes de terre pour que les internés ne les volent pas.

Jacques Sigot
Ces barbelés oubliés par l'histoire, un camp pour les Tsiganes… et les autres, Montreuil-Bellay 1940-1945
Editions Wallada, Bordeaux, 1994

La question tsigane aujourd'hui

Les Tsiganes forment la première minorité transnationale en Europe, forte de plus de cinq millions de personnes. Ils sont confrontés en Europe occidentale aux problèmes d'intégration et en Europe orientale à une ségrégation de plus en plus violente. La «question tsigane» est ouverte à nouveau par les ultranationalismes d'Europe qui contestent leur droit à l'existence.

Enfants *Sinté* à Munich, en 1980; à droite, leurs habitations de fortune.

Combien sont-ils aujourd'hui?

Les évaluations sont difficiles en raison de la variété des statuts en Europe.

Dans l'Europe d'aujourd'hui vivent environ 12 millions de *Rom* et de *Sinté*, la majorité en Europe orientale, par exemple 2,5 millions en Roumanie, en Yougoslavie 1 million, plus de 800 000 également en URSS. Population importante aussi en Hongrie (plus de 600 000) et en Tchécoslovaquie (entre 700 et 800 000). Nombreux en Grèce et en Turquie, mais non indiqués dans les statistiques officielles, car la population tsigane est niée. Beaucoup de Rom aussi en France, en Espagne, en Allemagne, mais pas de chiffre précis : peut-être 500 000 en France, 700 000 en Espagne, 150 000 en Allemagne. Il y a des *Rom* dans tous les pays d'Europe, en nombre variable, entre 10 000 dans les pays scandinaves et 80 000 en Italie.

L'espérance de vie des *Rom* est plus courte que celle des populations environnantes. Environ, selon certaines études, entre 46 et 50 ans. Dans certains quartiers de Yougoslavie ou de Roumanie, entre 29 et 31 ans.

Tsiganes d'Europe,
Présentation par le président de la Romani Union,
in *Etudes tsiganes*, 1993, Paris

Les difficultés d'ensemble en Europe occidentale

En France les entraves au stationnement se multiplient.

Vous allez comprendre : nous sommes tous ici des gens de 1991; nous appartenons tous à un système politique, économique, social, européen. Mais y

avons-nous la même place, les mêmes droits ? Là sont les questions. Une autre vient s'y greffer immédiatement : l'Europe nous est-elle vraiment accessible, nous qui ne pouvons trop souvent stationner que 48 heures ? Nous qui ne pouvons scolariser nos enfants normalement de par les conditions sur les décharges publiques, sans hygiène, sans le minimum de confort ? L'assiduité scolaire est-elle possible dans ce contexte ? Et puisque nous parlons école, que faut-il penser de ces inconscients, Tsiganes ou autres, qui prônent une école mobile telle qu'elle existe chez nous comme un summum de réussite, alors qu'elle ne tend qu'à produire des sous-hommes, dans une école de sous-ordre ? Par ailleurs, le travail incertain, la carence de formation, les ressources aléatoires, les places de marché pour nos travaux économiques, etc. posent d'énormes problèmes qui rendent indisponible aux autres préoccupations.

Dany Peto-Menso,
Office national des Affaires tsiganes,
audition à la Conférence permanente
des pouvoirs locaux et régionaux
du Conseil de l'Europe, 1991

L'exemple des terrains de camping

Légalement, les Voyageurs y ont accès comme tout un chacun. En fait, ils sont très souvent refusés. Les Voyageurs installés en région parisienne la majeure partie de l'année, et pour qui les déplacements d'été sont des périodes de travail, se sont heurtés une fois de plus à de nombreux refus. Il y a des subterfuges pour éviter d'être sous le coup d'une accusation de discrimination : ainsi, on ne refuse pas les Gens du Voyage… mais les caravanes à deux essieux.

Jean Bertrand Bary,
Le Monde gitan,
1991

Les écarts sociaux à l'intérieur du monde tsigane, l'exemple de l'Espagne

La différenciation sociale à l'intérieur d'une communauté tsigane est un phénomène récent qui s'accélère.

Cette année, de fortes mutations se sont produites dans leur environnement et au sein même de leurs communautés ; elles influent sur leurs relations familiales et sociales et sur leurs habitudes et leurs coutumes

Une élite à l'intérieur d'une minorité. Composé d'un petit nombre de personnes, ce groupe tend à s'accroître. Il est constitué de jeunes d'un haut niveau d'instruction (diplômes et carrière universitaire). La majorité d'entre eux viennent de familles «socialement intégrées» ou de parents ayant aussi un certain niveau intellectuel.

Un groupe vivant «à la gitane» de façon stable.
Plus important numériquement que le précédent, ce groupe est néanmoins minoritaire. Ces Gitans exercent des professions traditionnellement considérées comme «nobles» et qui faisaient, autrefois, vivre beaucoup plus de monde : antiquaires, maquignons, commerçants, artistes. Ils travaillent entre eux, avec une forte participation familiale, ce qui leur permet de continuer à vivre «à la gitane», c'est-à-dire de conserver des traditions, être en relation avec les Gitans (sauf pour le commerce) et maintenir les liens de la famille étendue.

Un groupe déstructuré marginal.
Le deuxième en importance numérique, ce groupe vit dans un habitat plus détérioré et, souvent, dans des lieux insalubres et relégués. Ces Gitans vivent au jour le jour, n'ont pas de travail permanent et leurs activités (ferraillage, ramassage de vieux papiers et de cartons, vente ambulante sporadique) sont de plus en plus difficiles. Très fréquemment, ils sont illettrés; leurs enfants ne vont pas régulièrement à l'école. Dans tous les domaines, ils dépendent de l'aide publique (logement, scolarité, etc.).

José M. Fresno Garcia,
La situation sociale de la communauté gitane d'Espagne,
in *Ethnies*, 1993

Les directives du gouvernement français

A la suite du rapport du préfet Delamare, le secrétaire d'Etat à l'Intégration, Hubert Prévot, présentait en 1991 une série de mesures qui n'ont eu en fait que des effets pervers.

Tsiganes, Gitans, Manouches, Bohémiens, forains, nomades, gens du voyage, peu importe le terme, ils sont en France 250 000, dont 45 % de moins de seize ans, 70 000 environ sont itinérants, 70 000 semi-sédentaires, 110 000 sédentarisés. […]

Disposition importante, le titre de circulation, maintenu parce qu'à la différence de la carte d'identité et du passeport, il mentionne l'activité professionnelle, sera réformé et simplifié; la durée de validité est portée de cinq à dix ans, et la validité du visa de trois à six mois.

Concernant l'habitat et le stationnement, la loi Besson du 31 mai 1990 impose de favoriser l'accès au logement des plus défavorisés; ceci concerne quelque 50 000 gens du voyage. De plus, une circulaire ministérielle rappellera aux préfets l'obligation de faire appliquer dans les plus brefs délais les dispositions de la loi spécifiques aux itinérants : un schéma départemental d'accueil basé – élément nouveau ! – sur une évaluation précise des besoins : haltes courtes ou séjours de plusieurs mois selon itinéraires et activités professionnelles. Ainsi que l'obligation, pour les communes de plus de 5 000 habitants, d'aménager des terrains d'accueil décents. […]

On estime que sur 50 000 bénéficiaires potentiels du RMI, 26 000 seulement le perçoivent.

in *Témoignage chrétien*, 19 janvier 1991

Certaines familles se sédentarisent, ici les Landsberger dans leur appartement, à Munich-Milbertshofen en 1980.

Six cents Tsiganes rejetés sous le pont de Nanterre

L'ouverture des frontières roumaines a provoqué de nouveaux départs qui furent exploités par le gouvernement en place.

Ils arrivent par deux, par trois, en famille. En juillet, ils étaient 250, aujourd'hui ils sont 600 Tsiganes de Roumanie entassés à Nanterre. Des Roms, clandestins. Ils ont traversé les frontières, à pied ou entassés dans des camions, guidés par des passeurs sans nom qui leur réclamaient «trop d'argent, des bijoux». Ils ont tout quitté, Lugoj, Timisoara, Arad, Resita… traversé la Yougoslavie, l'Italie, l'Espagne, certains en direction de l'Allemagne, d'autres de la France «pays hospitalier, riche». Ceux-là ont échoué à Nanterre. Mais avaient-ils vraiment grand-chose à laisser dans une Roumanie qui persécute les Tsiganes ?

Arrivés à Paris, non seulement ils n'ont pas été accueillis mais «ils n'existent pas, ni pour la commune ni pour la région» lance Arlette qui s'occupe de la défense des Tsiganes depuis dix ans. «L'Etat ferme les yeux sur leur présence ici mais ne fait rien pour eux. Ils posent un problème social et surtout politique qui n'est pas traité.» Pourtant, avec le nombre croissant d'arrivants, la situation risque de devenir explosive : «En entassant les gens sans rien faire et en concentrant les problèmes – comme à Nanterre – on exacerbe le racisme contre des populations démunies» souligne un habitant de Nanterre.

Cristina L'Homme-Thiollier,
in *Libération*, 19 novembre 1992

La situation d'ensemble en Europe orientale

Les actions antitsiganes sont révélatrices de la confusion nationaliste qui règne actuellement.

Les informations collectées par les associations de défense des droits de l'Homme (Helsinki Watch, International Helsinki Federation, Fédération Internationale des Droits de l'Homme) et par la *Romani Unia* ont permis de compter pas moins de cinquante cas d'attaques violentes contre des Tsiganes dans plusieurs pays d'Europe centrale et orientale, au cours des trois dernières années. Trente-quatre Tsiganes ont été tués au cours d'incidents inter-ethniques en Tchécoslovaquie et en Hongrie. Environ trois cents maisons de Tsiganes ont été incendiées en Pologne, en Hongrie, en Roumanie. A l'exception de la Tchécoslovaquie, jamais les autorités nationales n'ont réagi avec fermeté contre de tels actes. Des incidents violents ont eu lieu en Bulgarie, avec la police, dans les ghettos urbains de Stolipinovo à Plovdiv et de Pazardijk. La démocratisation des régimes de l'Est va de pair avec une flambée de violence inter-ethnique qui, sans être généralisée, touche les Tsiganes.

Alain Reyniers,
Groupe de travail sur les migrations,
Rapport de l'OCDE, juin 1993

La «révolution de velours» en Tchécoslovaquie

Dans les pays d'Europe orientale, des partis politiques tsiganes ont participé aux mouvements des années 1990, et obtenu une représentation aux parlements nationaux.

Dans certains cas, les organisations tsiganes ont activement participé aux changements politiques de 1989. Par exemple en Tchécoslovaquie, on sait que la «Révolution de velours» a débuté le 17 novembre 1989, en réaction à une action de la police. Dès le 19 novembre, un jeune Tsigane juriste et directeur d'une troupe de théâtre tsigane amateur, Emil Scuka (il deviendra en 1990 secrétaire général de l'Union tsigane internationale), avec le responsable d'un groupe folklorique tsigane, Jan Rusenko, et un autre juriste, Vojtech Ziga, fondent le ROI (Romska Obcanská initiativa – Initiative civique tsigane) et rejoignent le Forum civique (Obcanské Forum) où ils retrouvent des personnes, comme Václav Havel, qui organisent des manifestations non violentes. Le 22 novembre, une proclamation est lancée, destinée à sensibiliser les Tsiganes : «Frères, Sœurs, Rom ! Debout ! Réveillons-nous ! Notre jour est arrivé, que nous avons attendu depuis de nombreuses années. Ce jour est venu. Les Rom qui vivent dans ce pays pour la première fois ont pris leur propre destin en mains. [...]

Laissons notre tsiganité (*romipen*)

Un groupe d'enfants venus de Roumanie, dans un campement en Allemagne.

nous mener à une vie meilleure.
N'oublions pas la vérité de nos pères : celui qui donne le respect reçoit le respect !»

Jean-Pierre Liégois
Roma, Tsiganes, Voyages,
Strasbourg, 1994

La situation en ex-Yougoslavie

A Torjanci, fin novembre 1991, il y eut un massacre de Roms. Les Serbes accusèrent les Croates, ceux-ci les Serbes.

En Bosnie-Herzégovine, presque tous les Roms ont fui, alors qu'ils étaient plus de 80000 avant la guerre (principalement à Banovici, Banjo Luka, Bihac, Bijeljina, Deboj, Foca, Gorazde...). La plupart sont de religion musulmane. Comme les autres musulmans, ils ont été massacrés, expulsés de leurs foyers ou rassemblés dans les camps de concentration (94 en Bosnie-Herzégovine). Des milliers d'entre eux ont fui vers l'Italie, l'Autriche et l'Allemagne. Pourtant, personne ne parle des Roms, seulement des «musulmans». Ainsi, l'ignorance sur le sort des Roms est maintenue.

Rajko Djuric,
in *Etudes tsiganes*, 1993, *op. cit.*

Les mal-aimés de l'Europe

La chute du mur de Berlin a fait de l'Allemagne un enjeu politique pour les migrations européennes.

L'arrivée, ces trois dernières années, de Tsiganes de Yougoslavie et surtout de Roumanie, fuyant souvent les mauvais traitements qui leur sont infligés dans leurs pays d'origine, et qui franchissent clandestinement les frontières pour venir demander l'asile politique, place une nouvelle fois l'Allemagne devant son miroir... et ses juges.

En août dernier, les attaques contre le centre de regroupement de réfugiés de Lichtenhagen, près de Rostock, ont braqué les projecteurs de l'actualité sur un problème qui couvait depuis que les premiers trains venant de Roumanie avaient déposé leurs contingents de Tsiganes après l'effondrement du régime communiste est-allemand. Les Tsiganes de Roumanie sont devenus le symbole de la hantise. Ils sont venus en masse, le plus souvent en passant la frontière polonaise, franchissant clandestinement l'Oder ou la Neisse. Nul ne connaît précisément le nombre de ces nouveaux arrivants. A Bonn, le ministère de l'Intérieur se refuse à donner des statistiques précises. En 1991, les Roumains formaient le deuxième groupe de demandeurs d'asile politique, avec 40504 personnes, derrière les ressortissants de l'ex-Yougoslavie. Dans ce contingent les Tsiganes seraient les plus nombreux. Près des deux tiers. Pour le seul mois de juillet 1992, 14500 demandes d'asile de Roumains ont été enregistrées.

Sur le plan politique en revanche, les Roms et Sintis d'Allemagne n'ont jamais cessé de réclamer un statut de minorité auquel ils estiment avoir droit en raison de l'histoire. Leurs associations, et en premier lieu le Conseil central, ont toujours reproché à Bonn de ne pas vouloir reconnaître pleinement, au même titre que celui des juifs, le génocide de leur peuple par les nazis. Les survivants n'ont reçu que des indemnisations ridicules.

Henri de Bresson,
in *Le Monde*, 3 novembre 1992

BIBLIOGRAPHIE

Ouvrages anciens

– Black, George, *A Gypsy Bibliography*, London, 1914.
– Grellmann, H. M. G., *Histoire des Bohémiens ou tableau des mœurs, usages et coutumes de ce peuple nomade*, Paris, 1810.
– Hoyland, John, *A Historical Survey of the Customs, Habits and present State of the Gypsies*, London, 1816.
– Masson, D. I., *Catalogue of the Romany Collection* (University de Leeds), Edinburgh, 1962.

Ouvrages généraux

– Acton, Thomas, *Gypsy Politics and Social Change*, Londres, 1974.
– Asséo, Henriette, *Contrepoint : la question tsigane dans les camps allemands*, Annales ESC, numéro spécial, *Vichy, l'Occupation, les juifs*, juin 1993.
– Asséo, Henriette, *Le Traitement administratif des Bohémiens*, in *Problèmes socio-culturels en France au XVIIe siècle*, Paris, Klincksieck, 1974.
–Barthélémy, André, *Routes de Gitanie*, Paris, Le Centurion, 1982.
– Bloch, Jules (avec David, Henriette et François de Vaux de Foletier), *Les Tsiganes*, Paris, PUF 1969.
– Crowe, David, Kolsti, John, *The Gypsies of Eastern Europe*, New York-London, M. E. Sharpe,1991.
– Daval, Frédéric, *Le Flamenco et ses valeurs*, Paris, Aubier, 1989.
– Döer, Joseph, *Où vas-tu Manouche*, Bordeaux, Wallada, 1982 (autobiographie).
– Dolle, Marie-Paul, *Les Tsiganes Manouches*, Strasbourg, 1980.
– Ficowski, Jersy, *The Gypsies in Poland. History and Customs*, Varsovie, 1990.
– Formoso, Bernard, *Tsiganes et Sédentaires. La Reproduction culturelle d'une société*, Paris, L'Harmattan, 1986.
– Fraser, Angus, *The Gypsies, The Peoples of Europe*, Oxford, Blackwell, 1992 (essentiel).
– Gilsenbach, Reimar, *O Django, sing deinen Zorn! Sinti und Roma unter den Deutschen*, Basis Druch Verlag, 1993.
– Gomez Alfaro, Antonio, *La Grande Rafle des Gitans; Espagne : l'arrestation générale en 1749*, collection Interface, Centre de recherches tsiganes, CRDP Midi Pyrénées, 1994.
– Görög-Karady, Veronika, *Contes d'un Tsigane hongrois racontés par Janos Berki*, Paris, Budapest, Ed. du CNRS, 1991.
– Hohmann, Joachim S., *Geschichte der Zigeunerverfolgung in Deutschland*, Frankfurt-New York, Campus Verlag, 1988.
– Janodet, Laurent, Ferreira, Candida, *Les Tsiganes et les gens du voyage dans la cité*, Paris, L'Harmattan 1992.
– Kenrick, Donald, *De l'Inde à la Méditerranée*, collection Interface, Centre de recherches tsigane, CRDP Midi-Pyrénées, 1994.
– Kenrick, Donald, Puxon, Grattan, *Destins gitans. Des origines à la «Solution finale»*, Paris, Calmann Lévy, 1974.
– Lakatos, Menyhért, *Couleur de fumée. Une épopée tsigane*, Arles, Actes Sud, 1986 (roman d'un Tsigane hongrois).
– Leblon, Bernard, *Les Gitans d'Espagne*, Paris, PUF, 1985.
– Leblon, Bernard, *Musiques tsiganes et flamenco*, Paris, l'Harmattan 1990.
– Levakovich, Giuseppe, Ausenda, Giorgio, *Tzigari, Vie d'un Bohémien*, Paris, Hachette 1977 (autobiographie).
– Liégeois, Jean-Pierre, *Mutation Tsigane*, Bruxelles, Complexe, 1976.
– Liégeois, Jean-Pierre, *Roma, Tsiganes, Voyageurs*, Strasbourg, Conseil de l'Europe, 1994.
– Lucassen, Leo, *En Men Noemde Hen Zigeuners, 1750-1944*, Amsterdam, 1990.
– Mayall, David, *Gypsy-Travellers in Nineteenth Century Society*, Cambridge, Cambridge University Press, 1988.
– Memorial Book, *The Gypsies at Autschwitz-Birkenau*, München, K. G. Saur Verlag, 1993.
– Mossa, *La Gitane et son Destin. Témoignages d'une jeune Gitane sur la condition féminine et l'évolution du monde gitan*, Textes présentés par Bernard Leblon, Paris, L'Harmattan, 1992.
– *Mujeres Gitanas ante el Futuro*, Editorial Presencia Gitana, Madrid, 1990.
– Okely, Judith, *The Travellers Gypsies*, Cambridge, Cambridge University Press, 1983.
– Piasere, Léonardo, *De origine Cinganorum*, in *Etudes et documents balkaniques et méditerranéens*, n° 14, 1989.
– Peschanski, Denis, Hubert, Marie-Christine,

Philippon, Emmanuel, *Les Tsiganes en France 1939-1946, contrôle et exclusion*, Editions du CNRS, 1994.
Piasere, Leonardo, *Mare Roma : catégories humaines et structure sociale. Une contribution à l'ethnologie tsigane*, Paris, Laboratoire d'anthropologie sociale, Etudes et Documents balkaniques, 1985.
– Rao Aparna, *The Others Nomads*, Cologne-Vienna, 1987.
– Sarosi, Balint, *Gypsi Music*, Budapest, Corvina Press, 1978.
– Sebkova, H., Zlanayova, E., Hubschmannova, M., *Fragments Tsiganes*, Paris, Lierre et Coudrier, 1991 (autobiographies).
– *Terre d'asile, terre d'exil : l'Europe tsigane*, in *Ethnies*, n°15, sous la direction de Patrick Williams, Paris, 1993.
– Tong, Diane, *Gypsy Folk Tales*, San Diego-New York-London, 1989.
– *Tsiganes d'Europe, circulation et enracinement*, in *Etudes Tsiganes* n°1, sous la direction d'Alain Reyniers, 1993.
– Rinderknecht, Karl, *Tsiganes, nomades mystérieux*, Lausanne, Editions Mondo, 1974
– Vaux de Foletier, François de, *Le Monde des Tsiganes*, Paris, Berger-Levrault 1983 (essentiel).
– Vaux de Foletier, François de, *Les Bohémiens en France au XIXe siècle*, Paris, Lattès 1981.
– Vaux de Foletier, François de, *Mille ans d'histoire des Tsiganes*, Paris, Fayard 1970.
– Wedeck, H. E., *Dictionary of Gipsy Life and Lore*, Londres, Peter Owen 1973.
– Williams, Patrick, *Tsiganes : Identité, Evolution*, Paris, Syros, 1989 (essentiel).
– Williams, Patrick, *Django*, Montpellier, Ed. du Limon, 1991.
– Williams, Patrick, *Mariage tsigane. Une cérémonie de fiançailles chez les Rom de Paris*, Paris, L'Harmattan, 1984.
– Williams, Patrick, *Nous on n'en parle pas.. Les vivants et les morts chez les Manouches*, Paris, Maison des Sciences de l'Homme 1993.
– Yoors, Jan, *La croisée des chemins. La guerre secrète des Tsiganes 1940-1944*, Paris, Phébus, 1992.
– Yoors, Jan, *Tsiganes. Sur la route avec les Rom Lovara*, Paris, Phébus, 1990.
– Zatta, Paola, *La Questione Zingara, I diritti civili, la giustizia, la scuola e il lavoro*, Padoue, Francisci Editore, 1993.

Revues et centres de recherches

– en France :
Etudes tsiganes, Paris;
Centre de recherches tsiganes, Paris.
– en Angleterre :
Journal of the Gypsy Lore Society, Londres.
– en Italie :
Lacio Drom, Centro Studi Zingari, Rome.
– en Allemagne :
Centre Sinti und Roma, Heidelberg.

FILMOGRAPHIE

Documentaires

– *Le Clou volé*, Ludi Bœken, 1982, Belbo Films, Paris.
– *Les Parias de Hongrie*, Robert Manthoulis, 1988, Téléscope, Paris.
– *Les Nouveaux Castillans*, Robert Manthoulis, 1989, Téléscope, Paris.

Fictions

– *Kriss Romani*, Jean Schmidt, 1962, Cofradis.
– *J'ai même rencontré des Tsiganes heureux*, Petrovic, 1974.
– *Les Tsiganes montent au ciel*, Emil Lotianu, 1976, Soviexport Film.
– *Qui chante là-bas?*, Dusan Kovacevic, 1980, Yougoslavie.
– *Les Princes*, Tony Gatlif, 1983, Artedis.
– *Le Temps des Gitans*, Emir Kusturica, 1988, AAA Classic.
– *Les Enfants de la grande route*, Urs Egger, 1992, Metropolis, Zurich.
– *De la Source à la mer*, Pisla Helmstetter, 1992, France.
– *Latcho Drom*, Tony Gatlif, 1993, AAA Paris.

TABLE DES ILLUSTRATIONS

CHAPITRE II

CHAPITRE III

Tsiganes ou Bohémiens. Recherches anthropologiques dans la péninsule des Balkans, Genève, 1932. Bibliothèque Frédéric et Anne Max, Neuilly.
66b Femmes tsiganes dites turques, photo de Eugène Pittard, *op. cit.*
67b Tsiganes dits Tatars, photo de Eugène Pittard, *op. cit.*
68h-69h Danse des Bayadères, in Sonnerat, *Voyages aux Indes Orientales…* 1774-1781, Paris, 1782. Bibl. Frédéric et Anne Max, Neuilly.
69h Page de titre de l'ouvrage de Grellmann.
68b-69b Page de titre d'une brochure du Docteur Eugène Pittard.

CHAPITRE IV

70 Bohémiennes à Médan, photographie d'Emile Zola.
71 Un campement de Tsiganes, assiette peinte, XXe siècle.
72-73 Fabius Brest (1825-1900), *Un Caravansérail à Trébizonde*. Musée des Beaux-Arts, Marseille.
73 Landelle, *Jeune Bohémien serbe*. Musée des Beaux-Arts, Nantes.
74 Moldavie, une famille tsigane en voyage, gravure de Auguste Bry, 1837, Fond Vaux de Foletier. Bibl. nat., Paris.
74-75 Tsiganes de Hongrie, lithographie, XIXe siècle. Coll. de l'auteur.
75 Crimée, habitation de Tsiganes dans la montagne, gravure d'Auguste Bry, 1837, Fond Vaux de Foletier. Bibl. nat., Paris.
76-77 Nikolai W. Negrew (1830-1904), *Vente d'un serf par un propriétaire terrien*, Galérie Tretiakov, Moscou.
77 Affiche annonçant la vente d'esclaves tsiganes en Valachie, 1852.
78 Danse de recrutement, Hongrie, 1816, lithographie.
78-79 Ronde valaque exécutée par des Tsiganes et dansée par les musiciens du 2e Régiment chez le prince Ghika, Ghospodar de Valachie, 1837, lithographie de Raffet.
79 Musiciens tsiganes, gravure de Valério in Victor Tissot, *La Hongrie de l'Adriatique au Danube*, Paris, 1882. Bibl. Frédéric et Anne Max, Neuilly.
80 *Le Cœur tsigane*, valse viennoise, partition française de 1910, par L. Pousthomis.
80-81 Gravure d'après le tableau de J. S. Sargent, *El Oleo*, Coll. de l'auteur.
82 Varia Reinhardt âgée de 93 ans qui dirige la caravane des Tsiganes retenus prisonniers à la frontière franco-suisse, photographie.
82-83 Tsiganes au passage de la frontière franco-suisse, photographie.
84h Voiture d'enfants attaquée par un ours, courageuse défense d'une jeune bonne, in *Le Petit Journal*, 28 septembre 1902.
84 Tsiganes de Hongrie à l'arrivée en France, photographie.
85 Montreur d'ours en Auvergne, détail d'une photographie de 1905.
86 Département du Loiret, registre d'immatriculation de Marie Echrenboger, vannière ambulante, 28 septembre 1919.
87h Recensement des Bohémiens en France, in *Le Petit Journal.*
87b Groupe d'élèves de l'Ecole foraine de Paris devant la roulotte où on leur fait la classe, photographie.
88h Arrestation des ravisseurs du petit Eugène Loup, in *Le Petit Journal*, 13 novembre 1898.
88b Campement de Hongrois à Bourges, carte postale.
89h Télégramme du commissaire de Calais au préfet d'Arras, vers 1900.
89b Les Romanichels, départ pour la vente d'objets en vannerie, vers 1909, photographie.

CHAPITRE V

90 Janos Müllner, *Bohémiens ambulants*, vers 1912.
91 Alfred Dillmann, *Zigeuner-Buch*, Munich, 1905, page de titre.
92-93 Mariage tsigane dans la banlieue de Berlin, photographie, vers 1920.
93 Commerce de chevaux chez les Tsiganes, Berlin, photographie, v. 1910.
94 Rassemblement tsigane en Rhénanie, été 1938, photographie parue dans le livre de Hermann Arnold, *Die Zigeuner.*
95 Arrestation de Tsiganes par la police autrichienne vers 1938, photographie.
96 Article de propagande nazi paru dans le *NS-Rechtsspiegel*, février 1939.
96-97 Le Professeur Robert Ritter, photographie, 1938.
97 Eva Justin, assistante du prof. Ritter, photographie, 1938.
98-99 Tsiganes prisonniers à Auschwitz in Miriam Novitch, *Le Génocide des tsiganes sous le régime nazi.* Centre de documentation juive contemporaine.
100b-101b Tsiganes prisonniers dans le camp de concentration de Belsec, photographie prise par des officiers nazis en juillet 1940.
100h-101h *Idem.*
102 Un Tsigane Sinto montre son tatouage fait à Birkenau, Munich, 1981, photographie.
102-103 Extrait d'un registre des déportés tsiganes à Auschwitz in *Memorial Book. The Gypsies at Auschwitz-Birkenau.* Musée d'Auschwitz-Birkenau

TÉMOIGNAGES ET DOCUMENTS

INDEX

A

B

C

D – E

F – G

CRÉDITS PHOTOGRAPHIQUES

AKG, Berlin 1, 34h, 92-93, 93. Artephot/A. Held 31h. Artothek, Munich 48-49, 54. Bibliothèque Frédéric et Anne Max, Neuilly/cliché P. Horvais 58g, 62h, 65, 66-67, 66b, 67b, 68h-69h, 79, 109h, 122. Bibliothèque Nationale, Paris 2e plat de couv., 27h, 36, 40b, 60b, 61, 64b, 74, 75, 114. BPK, Berlin 95, 96, 96-97, 97, 102, 127, 144, 145, 147, 148. BPK/Giraudon 76-77. Château de Gaasbeck, Belgique/cliché Arp 19b, 22. Coll. de l'auteur/cliché P. Horvais 39, 47, 68b-69b, 71, 74-75, 80-81, 124, 126. Coll. Sirot-Angel, Paris 82, 82-83. Dagli Orti, Paris 38, 42, 53h. Denis Mercier 108, 111, 112. DR 14-15, 16-17, 16h, 18, 19h, 20b-21b, 20h-21h, 23b, 24, 26, 28b-29, 32b, 43, 44-45, 46b, 46h, 50h, 55, 60, 69, 70, 77, 84h, 86, 87h, 88h, 89h, 90, 91, 94, 100b-101b,100h-101h, 102-103, 104, 104-105, 105h, 109b, 129, 130, 139, 140, 143. Edimedia 42-43, 50, 58d. Explorer 88b. Fondation Thyssen-Bornemizza, Lugano 34-35. François Dudouet 120. Frost & Reed, Londres 63. Giraudon, Paris 12, 27b, 28h, 56-57, 72, 72-73. Holocaust Memorial Museum, Washington103g. Jean Vigne 59h. Jean-Loup Charmet 13, 49, 59b, 62b, 78, 78-79, 80, 98-99, 117, 136. J. K. /Magnum 1er plat, 11, 107, 155, 158. Lauros-Giraudon 24-25, 52. Musée des Beaux-Arts, Strasbourg 32h. Musée de Nördlingen, Bavarie 37. Musées Royaux des Beaux-Arts de Belgique, Bruxelles 32-33. National Gallery, Washington 64h. Oronoz, Madrid 53b. Pierre Hassner 106-107. Réunion des Musées Nationaux, Paris 17, 30b, 30h, 31b. Roger-Viollet 84, 85, 87b, 89b, 103d, 118, 125, 128. Sir Angus Fraiser 23h, 44. Stephan Yérasimos, Paris 41. The Currier Art Gallery, Manchester, New Hampshire/cliché Bill Finney 15b, 15h. The Fine Arts Museum, San Francisco 40h. Carlos Muñoz-Yagüe, Paris 2-3, 4, 5, 6-7, 8, 9, 108, 110, 113. Sotheby's Dos de couv. © Spadem 132.

REMERCIEMENTS

L'auteur et les éditions Gallimard remercient les Etudes Tsiganes, Frédéric et Anne Max, Elisabeth de Vaux de Foletier, Sir Angus Fraiser, Bertrand Leblon, Astrid Hillig, Marcel Courthiade, Hélène Mouchard-Zay, Donald Kenrick, le Groupe de Recherche pour une Histoire des Tsiganes-Université de Paris-V, Sorbonne, Jean-Pierre Vittu, Jean-Marc Battner, Claudine et Michel Thos, Joëlle Benabu.

ÉDITION ET FABRICATION

DÉCOUVERTES GALLIMARD
DIRECTION : Pierre Marchand et Elisabeth de Farcy.
GRAPHISME : Alain Gouessant. FABRICATION : Violaine Grare.
PRESSE ET PROMOTION : Valérie Tolstoï.
LES TSIGANES
EDITION : Paule du Bouchet. MAQUETTE : Catherine Schubert (corpus) et Jacques Le Scanff (témoignages et documents). ICONOGRAPHIE : Caterina d'Agostino. LECTURE-CORRECTION : François Boisivon, Catherine Lévine, Benoît Mangin. PHOTOGRAVURE : W-Digamma.
MONTAGE PAO : Paragramme.

Table des matières